D1383650

Cómo creer en uno mismo

ROBIN BOOK

Patricia Cleghorn

Cómo creer en uno mismo

Traducción de Elisenda Solergibert

éxitos de
autoayuda

ROBIN
BOOK

Si usted desea que le mantengamos informado de
nuestras publicaciones, sólo tiene que remitirnos su
nombre y dirección, indicando qué temas le interesan,
y gustosamente complaceremos su petición.

Ediciones Robinbook
información bibliográfica
Industria, 11 (Pol. Ind. Buvisa)
08329 Teià (Barcelona)
e-mail: info@robinbook.com
www.robinbook.com

Título original: *The Secrets of Self-Esteem.*

© Patricia Cleghorn.
© Ediciones Robinbook, s. l., Barcelona
Diseño de cubierta: Regina Richling
Fotografía de cubierta: iStockphoto©drbimages (imagen mujer)
iStockphoto © Morten Olsen (imagen nota)
Compaginación: MC producció editorial.
ISBN: 978-84-9917-247-7
Depósito legal: B-10.543-2012
Impreso por Novagràfik, S.L, Pol. Ind. Foinvasa Molí d'en Bisbe, C/ Vivaldi, 5,
08110 Montcada i Reixac

Impreso en España - *Printed in Spain*

Este libro está dedicado a ti, lector

Agradecimientos

Gracias a mis amigos, familia, miembros de nuestros programas y compañeros por su continuo interés y entusiasmo.

PRIMERA PARTE

Construya su autoestima

1. Construya su autoestima

¿Se siente a veces dudoso y falto de confianza, queriendo cambiar para sentirse más feliz pero sin saber cómo hacerlo? ¿Aparenta ser una persona afortunada y segura de sí misma, pero en el fondo no es alegre ni controla verdaderamente su vida? Tal vez le sorprenderá saber que éste es un excelente punto de partida. Sentir que desea tener más confianza en sí mismo o que le falta algo en su vida puede ser un estímulo para ayudarle a avanzar. No es usted el único con una baja autoestima: a casi todo el mundo le ha ocurrido en algún momento. La inseguridad y los problemas para relacionarse pueden asociarse directamente con una baja autoestima. Si nota que su vida está fuera de control a causa de rápidos e inesperados cambios, desarrollar la autoestima le ayudará a experimentar una sensación de control y equilibrio. Día a día podrá mejorar sus capacidades para usar su tiempo y su energía. Podrá concentrarse en lo que realmente es importante para su vida, sea cual sea su edad y sus circunstancias.

Cuando esté con personas que tienen confianza en sí mismas y se sienten cómodas, tal vez se preguntará cuál es el secreto de su autoestima.

Quizás ha pensado que alguien o algo ajeno a usted puede proporcionarle una alta autoestima. ¿Qué cree que puede hacer de usted alguien con valía? Podría desear ser más afortunado, atractivo, joven o famoso. Tal vez esté ansioso por encontrar la persona idónea o mejorar su actual relación: Quizás nota cierta inseguridad o simplemente que algo falta en su vida.

A todos nos gustaría ser tocados con una varita mágica. Evidentemente esto no sucederá, pero lo cierto es que usted puede hacer que la magia entre en su vida. Incluso desde el mismo momento en que desee llevar una existencia más satisfactoria puede empezar ya a respetarse a sí mismo. Esto significa tratarse bien y no de manera severa. Respetarse a sí mismo significa tanto identificar las propias necesidades y deseos, como aquello que es correcto para uno como individuo. Ser benevolente hacia uno mismo se aplica no sólo a aquellas cosas que aseguran que uno no se forzará hasta la extenuación sino a la manera cómo habla de usted a los demás y, los más importante, cómo se habla a sí mismo dentro de su cabeza. Para muchos, ciertas cosas que se dicen a sí mismos serían inaceptables si vinieran de otras personas.

Empiezo a respetarme y a gustarme
cada vez más

Deje de criticarse y empiece a apreciarse a sí mismo

Un primer paso sería darse cuenta de cuándo se comporta de un modo autocrítico. Ser consciente de esa voz interior que, como una cantinela de críticas sigue y sigue rebajándole, diciéndole cosas como: «No tengo remedio, nunca seré, no puedo, soy tan estúpido, por qué yo no, si sólo hubiera hecho...» Si usted deja que esa voz autocrítica se exprese durante todo el día, al final se acabará sintiendo realmente rebajado. En vez de ello, atrévase a decir: «¡Para!

Basta. Lo que realmente me gusta de mí, por ejemplo, es mi afabilidad con los amigos, mi paciencia, mi valor, mi sentido del humor, mi buen gusto en el vestir, y la sensibilidad con la que he tratado a esa persona tan difícil.» En un curso reciente alguien dijo que se dio cuenta de que, si hablara a sus amigos de la misma manera en que lo hacía consigo mismo, ¡no tendría ningún amigo! Usted tiene muchos puntos positivos: se sentirá mejor y será mucho más efectivo, tanto en su vida personal como en su trabajo, si se aprecia más a sí mismo. La ventaja de esto es que uno se hace menos dependiente de lo que otras personas puedan sentir hacia usted. ¡En cambio esto puede inclinarles a ellos a apreciarle! Estimarse resulta mucho menos agotador que estar criticándose todo el tiempo.

Al principio puede parecerle raro concentrarse en lo bien que lo está haciendo en lugar de fijarse en lo que no ha hecho o en lo que debió hacer de otra manera. Al final de cada jornada de trabajo tómese un momento para apreciar lo que ha logrado, en lugar de pasar revista mentalmente a todo lo que no ha hecho, Luego, cuando esté a solas y necesite un estímulo adicional y alguien que sea amable con usted, puede darse estima y apoyo.

Me aprecio

El aceptarse le ayuda a hacer cambios

No necesita retrasar el gustarse y aceptarse. A menudo sentimos que si perdiéramos una determinada cantidad de kilos de peso o ganáramos más dinero estaríamos, a mitad de camino para ser aceptados por los demás. Todos los seres humanos deseamos ser amados y aprobados por otras personas. Es natural que usted quiera esto para sí y que disfrute cuando esto ocurre. Sin embargo, la persona más importante que debe aceptarle es usted mismo. Es muy difícil para los demás estimarle y aceptarle tal como es si usted mismo es quien no se acepta. Si se considera inaceptable e indeseable en ciertos aspectos, concéntrese expresamente en aquello que le gusta de sí mismo.

Aceptarse y estimarse es una grata sensación que le ayudará a llevar la mejor vida que pueda imaginar. Ser autocompasivo y autocomprensivo no le volverá apático. Es más fácil hacer los cambios que desea si se apoya y se da ánimos. ¡Por ello no debe aplazar el momento de gustarse y sentirse bien consigo mismo hasta que haya realizado los cambios deseados para mejorar su vida! Si de entrada se acepta usted tal como es, logrará más fácilmente sus objetivos con respecto, por ejemplo, al peso corporal, la delgadez deseada, el progreso en su trabajo y una mayor armonía en sus relaciones. ¡Su propia aceptación es un amigo que deseará tener de por vida!

Me empieza a resultar más fácil
aceptarme

Empiece a aprobarse

¡Deje de desaprobarse continuamente! Eso es lo más fácil del mundo. Ocurre especialmente cuando uno siente que debería ser algo diferente de lo que actualmente es; por ejemplo, conseguir hacer más cosas y con mayor rapidez, haber progresado más en la propia carrera o bien haber sabido manejar mejor una relación. A veces no es necesario que haya una razón especial. Simplemente nos desaprobamos por cualquier cosa. Sin embargo usted puede exhibir un «estoy muy bien, no pasa nada conmigo» de cara a la galería y en realidad se está desaprobando y desestimando. Esto no es sorprendente porque, tanto si hemos sido educados con todas las comodidades materiales como si hemos carecido de ellas, casi nunca se nos ha enseñado a tener autoestima y respeto hacia nosotros mismos. El hábito de la desaprobación suele venir tras años de no sentirnos dignos ni aceptados por los demás y de convertirnos en nuestros jueces más severos. Usted puede emplear una gran cantidad de tiempo preocupándose si la gente en general o alguien en particular le aprueba. Muchas veces perdemos el tiempo preocupándonos por esa desaprobación que tal vez ni existe. ¡Una supuesta expresión severa en el rostro de una persona puede a veces significar que simplemente está pensando en lo que va a tomar con el té! También podemos estar realmente preocupados porque en el trabajo el jefe esté desaprobándonos durante una reunión. ¿Qué significa su expresión tan seria? Puede muy bien significar que está preocupado por la impresión que quiera dar. ¡Piense simplemente que la persona cuya aprobación está usted tratando de conseguir está, por su parte, intentando ser aprobada por usted! Entonces cálmese y apruébese.

Apruébese siempre y en todas las circunstancias pues usted es la persona más importante de su vida. Apruébese incluso cuando quiera que las cosas sean diferentes. Hágalo especialmente cuando tema que otra persona no lo hará o cuando haya cometido un error pues así puede corregirlo o alejarlo más fácilmente. No podemos hacer que la gente nos apruebe; usted debe poder recordar que una vez lo intentó. Sin embargo, lo que puede hacer es intensificar su propio nivel de aprobación. ¡Le resultará interesante ver que al hacer esto los demás parecen aprobarle más!

Me apruebo incluso cuando hubiera
deseado hacer las cosas de otra manera

Dése permiso para avanzar

Piense en las veces en que se ha quedado rezagado porque no estaba seguro de contar con la aprobación de otra persona. Una joven secretaria de uno de nuestros programas, procedente de una familia muy estricta, quería cambiar su trabajo y establecerse por su cuenta como maquilladora de televisión, que era lo que realmente le gustaba. Para hacer esto precisaba de una formación complementaria. Como no contaba con el apoyo de su familia, tenía que aprobarse y concederse permiso para dar ese paso. Tuvo el valor de hacerlo, ganó un premio a la mejor estudiante y su nueva carrera comenzó satisfactoriamente. ¿Hay algo que a usted le gustaría hacer en su vida pero que lo va postergando porque cree que no cuenta con la aprobación suficiente? Ante todo debe decidir si es algo que realmente le gustaría hacer y si esto le será beneficioso. Luego dése permiso para ir adelante. Tendría que dejar pasar mucho tiempo si esperara la aprobación de alguien y, con el estímulo de su propio apoyo, las primeras medidas prácticas son más fáciles de tomar.

Puede dejar de preocuparse

Todos sabemos que preocupándonos por algo no conseguimos mejorar nada y probablemente nos sentimos mucho peor por ello. Sin embargo, no podemos evitar preocuparnos si esto se ha convertido en un hábito, y lo mismo le ocurre a casi todo el mundo. Pruebe a sumar todo el tiempo que pasa preocupándose en el curso de una semana. ¿El haberse preocupado durante todo ese tiempo le ha hecho sentirse mejor? ¿Le ha sido de alguna ayuda? La continua preocupación es un desperdicio de energía.

Cuando empiece a preocuparse por el pasado, déjelo allí donde sea posible. Si empieza a preocuparse por el futuro, observe la diferencia entre estar dándole vueltas a algo y esa verdadera preocupación a la que usted puede prestarle atención y sobre la que puede actuar. A menudo nuestras preocupaciones sobre el futuro son infundadas. Por ejemplo, en una situación laboral, cuando muchas personas temían cambios inminentes, existía un abatimiento general, una falta de motivación y una actitud negativa. Una de esas personas se dio cuenta de que entre todos se estaban rebajando mutuamente y pasó a adoptar una actitud positiva, levantando el nivel de energía y las expectativas de todo el grupo. Llegado el momento, los cambios previstos en la organización fueron beneficiosos, pues los individuos que formaban el grupo se habían vuelto más positivos, flexibles y abiertos a nuevas oportunidades. Por tanto, cuando usted se dé cuenta de que está abatido por los temores y desperdiciando su tiempo, pare. Decida que va a cambiar ese hábito. Puede reservar cada día un cierto momento que será su tiempo para preocuparse, por ejemplo las 6:30 de la tarde, y entonces preocúpese durante diez minutos. Cada vez que en el curso del día empiece a preocuparse, aplácelo hasta esa hora. ¡Le resultará menos atractivo preocuparse cuando llegue la hora de hacerlo! Cuando se le haya pasado la intranquilidad, no olvide cancelar ese tiempo para preocuparse a fin de que su mente no continúe con ello.

A medida que dejo de preocuparme
tengo más tiempo y energía

Deje de culparse

¿Cree que se está culpando continuamente? Sentirse culpable y con ansias no apoya para nada su autoestima. Usted puede decidirse a actuar a partir de ahora de un modo diferente, incluso comunicar sus excusas o arrepentimiento a otra persona, pero no le servirá de nada si, mientras tanto, vuelve continuamente al pasado, se culpa y se rebaja sintiéndose una mala persona.

Siempre hay una alternativa en el momento presente sobre cómo debe comportarse o actuar, pero es inútil culparse por lo que considera faltas, omisiones o malas decisiones del pasado. En cierto modo y por norma usted está haciendo las cosas lo mejor que puede. Siempre es *a posteriori* y en retrospectiva cuando nota que lo pudo haber hecho mejor.

Si el culparse se ha convertido en un hábito, si sigue creyendo que todo ha sido culpa suya, dése cuenta de cuán disgustado se siente, de cómo le deprimen esos pensamientos. Libérese suavemente de esas reflexiones inútiles. Déjelas ir y dígase que está empezando a dejar de culparse y de hacerse daño.

> *Ahora dejo de culparme y elijo la*
> *serenidad*

Nada de lo que usted pueda haber cometido se podrá remediar por el hecho de darle mil y una vueltas y echarse las culpas. Igualmente es improbable que cualquier cosa que haya hecho sea tan horrenda como para castigarse continuamente. En su lugar, concéntrese en aquello que considere importante y placentero.

Escúchese, usted sabe lo que le es más provechoso

Concentrar su atención en aquello que realmente es importante para usted resulta necesario para su autoestima. Escuchar esa voz que le indica lo que le es más provechoso marcará el inicio del desarrollo de su intuición personal que, como un guía infalible, le señalará lo que es correcto para usted como individuo. Ya la utiliza cuando tiene un presentimiento sobre algo, cuando tiene la sensación de que es importante hacer alguna cosa.

Tal vez recuerde que en alguna ocasión se dejó llevar por su intuición y que las cosas sucedieron con facilidad y sin esfuerzo. En otras ocasiones a lo mejor ha tenido una buena idea sobre la que ha dado muchas vueltas y luego haya vuelto a ella ¡al cabo de varios meses!

Si tiene miedo de seguir su propia intuición, empiece con algo de poca importancia, donde no haya presiones ni por parte suya ni por la de los demás para que se haga correctamente; por ejemplo, qué libro deberá comprar. Luego, a medida que vaya sintiendo más confianza, puede ir probando con cosas más importantes.

Usted merece ser feliz

Usted merece ser feliz. No está aquí para sufrir. Pero a veces, cuando se siente feliz y satisfecho durante un largo periodo, le parece que eso es demasiado hermoso para ser verdad. En cambio, sucede todo lo contrario cuando se siente deprimido. Por eso es importante darse cuenta de que su estado natural es estar alegre, que ése es el estado normal de su autoestima. También puede creer que si sus circunstancias fueran diferentes usted se sentiría más alegre, pero éste no es necesariamente el caso. No necesita esperar. Dése cuenta de que usted puede decidir sentirse alegre desde ahora mismo. Puede elegir cómo debe sentirse y averiguar por sí mismo qué es lo que le haría feliz y luego anotarlo en algún sitio.

Por ejemplo, a menudo queremos que los demás nos presten su atención a fin de sentirnos más felices. Es necesario que lo hagamos por nuestra cuenta. Esto le liberará a usted y a la otra persona. Es importante comprender que nadie puede asumir la responsabilidad de su felicidad a largo plazo, ni usted la de los demás. Así, usted debería decirse hoy cuando termine cualquier tarea ineludible: «¿Qué podría hacer que fuera bueno y alegre para mí?»

Una joven estaba muy contrariada y enfadada, con otras personas y consigo misma, por algunos aspectos de su vida. Cuando empezó a tratarse mejor, a darse más de lo que quería, a preguntarse qué podría hacer por ella, empezó a sentirse más tranquila y contenta.

Una madre con niños pequeños siempre anteponía todo lo demás a sí misma. Sentía que no importaba nada y que no podía hacer las cosas que quería. En cuanto empezó a buscar el modo de tratarse mejor de día en día y a pedir la ayuda que necesitaba, se encontró menos cansada y pudo ver lo que quería a largo plazo, así como disfrutar de sus hijos.

Hacer lo que es bueno para usted y darse alegría le hace en realidad menos dependiente y menos exigente. Mantenerse feliz no le vuelve a uno menos generoso, compasivo y amable con los demás. Más bien todo lo contrario; resulta mucho más agradable y satisfactorio estar con usted.

Si hago lo que es bueno para mí,
los demás se benefician

Decida tratarse bien

¿Verdad que usted no trataría deliberadamente mal a alguien? De hecho sabemos encontrar la manera de hacer aquello que es bueno para los demás: organizar sorpresas, darle gusto a alguien. Pero tendemos a ser severos hacia nosotros sin pararnos a mirar si podríamos tratarnos bien. Especialmente cuando uno está bajo presión, es de sentido común tratarse amablemente y no decidir, por ejemplo, pintar el vestíbulo de la casa justo cuando se tiene que entregar un trabajo dentro de un plazo límite. Este principio se aplica a todos los ámbitos de la vida, así que trate de hacer día a día qué es aquello que puede hacer que le resulte placentero.

Ahora me trato tan bien como a los demás

Tratarse bien a sí mismo denota una alta autoestima. La severidad y el autocastigo nunca le harán sentirse mejor. Sin embargo, puede no haber pensado qué es lo mejor para usted. Incluso cuando esté muy ocupado, es importante que emplee algún tiempo en hacer cosas que le gusten. Seguramente le agrada su trabajo y el cuidado de su familia, pero es muy importante que se tome algún tiempo libre para hacer lo que realmente quiere. Hay maneras de ser más amable consigo mismo en lo que respecta a su cuerpo, por ejemplo, no forzarlo hasta el punto del agotamiento. ¿Se asegura de pasar su tiempo con personas divertidas y que le apoyan y no sólo con aquellas a las que usted puede ayudar y apoyar? Especialmente cuando está usted ocupado es importante que se trate bien y sea amable consigo mismo.

A medida que vaya practicando el desarrollo de una mayor autoestima, deberá esperar mejoras de inmediato. Se dará cuenta ya de que piensa y se siente mejor acerca de sí mismo y de su vida. Puede recordar las tres Aes de la construcción la autoestima: apreciarse, aceptarse y aprobarse. Cuando empiece a dejar de culparse y aprenda a preocuparse menos, tendrá mucha más energía. Manténgase a la escucha de sus presentimientos, su intuición personal sobre aquello que es correcto para usted.

Recuerde tratarse bien. Es fundamental que, cualquiera que sea su edad, usted vea qué es lo que quiere conseguir y decida qué es importante para usted. Quienquiera que sea, cualesquiera que sean sus circunstancias actuales, nunca se subestime. Nunca podrá haber otro usted. ¡El mejor usted es un usted sin tensiones! Por tanto relájese y no olvide respetarse. Como verá en los próximos capítulos, podrá crear un estilo propio de logros que será perfecto para usted.

Cuanto más me tranquilizo y me
respeto, más confiado me vuelvo

Notas para objetivos prácticos y relajaciones

Cada *Objetivo personal* está diseñado para ayudarle a pensar más en lo que ha estado leyendo y como un modo de aplicar la autoestima en su vida, sus preocupaciones e intereses. Se ha dejado un espacio para que usted pueda escribir en él. Si quiere continuar o repetir cualquier *Objetivo personal*, utilice un bloc de notas.

Las relajaciones están diseñadas para ser usadas después de un procedimiento de relajación general. Cuando usted se sienta cómoda con ése o con cualquier otro método de relajación, puede escoger una relajación adicional.

Objetivos personales

Apréciese

1. Relájese e inspire. Escriba una lista de todas las cualidades que le gustan y aprecia en usted.

Si se gustara aún más, ¿tendría una manera particular de tratarse o algo que haría para usted mismo? Escríbalo debajo y luego hágalo.

2. Cada vez que se sorprenda en una actitud autocrítica, pare y coja su bloc. Emplee un minuto o dos y escriba

sus puntos positivos. Si es necesario, hágalo varias veces al día.

Apruébese

1. Describa una situación que pueda ser modificada por su propia autoaprobación. Tal vez esté pendiente de una entrevista o de una situación en la que se va a sentir juzgado, o quizás simplemente se está comparando desfavorablemente con respecto a otros. ¿Cómo se sentiría si se aprobara más? ¿Cómo mejoraría esta situación añadiendo más autoaprobación?
2. ¿Hay alguna cosa en su vida que desearía hacer pero que va frenando por no darse permiso? Descríbala.

¡Decida darse ese permiso! ¿Qué piensa hacer ahora?

Deje de culparse

1. Haga una lista de todas las cosas por las que se culpa y se amonesta.

¿Cómo se siente después de haberlas leído? ¿Furioso o triste? Escríbalo debajo.

Ahora pregúntese si continuar culpándose le ayuda algo en su vida. Sea sincero. ¡No le ayuda! Decida que finalmente puede dejar de culparse. Piense, «Ahora elijo dejar de culparme», «Ahora elijo la paz en mi vida» o cualesquiera otros pensamientos que usted pueda escribir debajo y que sepa que le pueden ayudar en esa situación.

¿Cómo podría usar su energía para concentrarse en algo alegre, algo importante para usted? ¡Escríbalo y póngase en acción!

Escúchese

Tome nota de los presentimientos, rumores y fantasías que sienta que son importantes para usted, aquello que le gustaría hacer. Esto sólo requiere unos pocos minutos al día. Luego vea cómo podría empezar a hacer algunas de las cosas que ha anotado. Por ejemplo, puede que no le sea posible hacer ahora las vacaciones de su vida, pero probablemente podría tomarse un día libre junto al mar, o bien una hora de paseo en el parque, y mientras tanto puede seguir planeando esas vacaciones.

Trátese bien

1. Haga una lista de seis cosas que siempre le hacen sentirse mejor –tal vez caminar a lo largo de un río o junto al mar, relajarse en un baño con aceites de aromaterapia, un masaje, hablar con un amigo, leer, escuchar la música que le gusta–, cualquier cosa que le atraiga. Haga que una de ellas pueda ser realizada en las próximas 24 horas.

   1 . . . .
   2 . . . .
   3 . . . .
   4 . . . .
   5 . . . .
   6 . . . .

2. Pregúntese qué podría hacer hoy por usted, algo que sienta que es correcto y también divertido y agradable. Esto es particularmente importante si está usted bajo presión y siente que dispone de muy poco tiempo libre. ¡Escríbalo debajo y hágalo!

Relajaciones

Procedimiento de relajación general

Tómese unos diez minutos. Escoja una hora y un lugar donde no pueda ser molestado. Siéntese o tiéndase cómodamente. Tómese un momento para poner su cuerpo a punto. Cierre los ojos suavemente. Tómese el tiempo necesario para relajar su cuerpo, empezando por la cabeza y bajando hasta los pies. Compruebe que su respiración esté relajada, normal, pero relajada. Deshágase de pensamientos relacionados con cualquier tarea. Simplemente relájese, deshágase de ellos. No trate de poner su mente en blanco, sencillamente déjese ir. Concentre toda su atención en usted; puede que la tenga en otra gente y situaciones, llévela hacia usted.

Si siente que su mente está llena de pensamientos, manténgase relajado y déjelos pasar. Son reacciones naturales y pasarán a medida que vaya haciendo esta relajación con regularidad. Lo mismo ocurre con los sentimientos que parecen interferir. Déjelos que pasen.

Cuando haya terminado de relajarse y quiera levantarse, simplemente compruebe que su cuerpo está cómodo y recuérdese que está relajado, aunque alerta, volviendo a estar totalmente despierto y lleno de energía. Si ha estado tendido, vuélvase hacia un lado y levántese lentamente.

Una vez se sienta cómodo con la relajación general, puede añadir cualquiera de las relajaciones breves. Antes de cerrar los ojos para empezar con la que haya escogido, léala. Destaque sus puntos fundamentales. Recuerde que es más importante relajarse que recordar todo lo que tiene escrito. Al final del ejercicio de relajación puede tomar todas las notas que quiera.

Deshágase de la preocupación

Después de seguir la relajación general, imagine cómo se ve a los ojos de su mente, Imagínese a sí mismo cogiendo una caja vacía del tamaño que le parezca más adecuado. Es una caja muy especial donde todas las preocupaciones que usted mete dentro quedan absorbidas y disueltas. Contemplo cómo lo hace, descargando todas esas preocupaciones, todas aquellas con las que no hace nada. Métalas ahí. Luego o bien se aleja usted de la caja o bien le ve alejarse y desaparecer. Observe cuán ligero y despreocupado se siente. Salga suavemente de su relajación.

Trátese bien

Después de haber seguido la relajación general, véase a sí mismo en su mente, con buen aspecto y sintiéndose bien. Deshágase de cualquier pensamiento de trabajo o de sentimiento de disgusto. Déjelos ir. Ponga toda su atención en sí mismo. A medida que se relaje, piense en todas las pequeñas cosas que puede hacer para sentirse a gusto consigo mismo, para hacer que su día o su semana sean más fáciles y alegres, y al mismo tiempo más agradables.

Notas sobre visualización creativa

A medida que vaya siguiendo su método de relajación práctica podrá imaginar una escena de relajación o un resultado al que le gustaría llegar. Asegúrese de figurar en la escena; tome nota de lo que lleve puesto, de lo que esté haciendo, del entorno en el que se encuentre. Mucho de todo esto se le puede presentar con facilidad. Sin embargo no se preocupe si la escena no viene de inmediato, simplemente haga que sea así. Recuerde que es un juego y que usted puede lanzar cables de buena voluntad de manera que esta escena sea beneficiosa para todos. ¿Hay algo más que añadir a ella? ¡No olvide incluirse a usted mismo! Cuando sienta que ya es suficiente, haga una pausa y compruebe que está relajado, luego vuelva a abrir los ojos suavemente.

SEGUNDA PARTE

Tome el control de su vida

2. Sus pensamientos como único punto de apoyo

Usted es la persona que decide, desde su propio punto de vista, cómo debe ser su día, su vida y su mundo. Tiene todo este poder porque sus pensamientos, que son sólo suyos, son tan reales como todo lo que pueda tocar, sentir u oler. Ahora, si deja que los pensamientos con un bajo nivel de autoestima paseen continuamente por su mente (y la mayoría de nosotros lo solemos hacer, por ejemplo: «No lo estoy haciendo bien, no soy lo suficientemente bueno, probablemente no me quieren, no seré capaz, no lo estoy haciendo bien, no soy lo suficientemente bueno») entonces sí se va a sentir bastante bajo de energías y no muy optimista. Todos conocemos personas a las que parece que nada les funciona y al oírlas hablar empezamos a comprender por qué: sus pensamientos no son positivos. Dicen cosas como: «Nada me va nunca bien»¡Y nunca va! Por otro lado hay gente cuyos pensamientos les resultan de provecho. Se acuerda de decirse a sí mismos: «Lo hago bien, puedo manejarlo. ¡Todo saldrá muy bien!» Con esto están afrontando de la mejor manera posible cualquier situación.

Un hombre se había fijado unos determinados objetivos en el trabajo que todavía le parecía no haber conseguido.

Confesó que todo el tiempo se decía a sí mismo que no podía hacer esas cosas y que no era lo suficientemente bueno, que las metas que se había fijado estaban más allá de sus posibilidades. Cuando cambió sus pensamientos para darse apoyo y pasó a la acción, logró lo que quería hacer. Es contraproducente fijarse unas metas que se quieren lograr y al mismo tiempo decirse: «No seré capaz de hacerlo. Está resultando muy difícil.» Cambie estos pensamientos por: «Lo puedo hacer, resulta fácil y sin problemas.»

Nuestros pensamientos afectan directamente a nuestra manera de sentir y de vivir. Repítase constantemente que es un inútil, un fracaso, y realmente sentirá y actuará de esa manera. Dígase en cambio: «Lo estoy haciendo bien. Soy lo bastante bueno. La gente como yo lo puede hacer.» Es fácil ver que, al mejorar nuestros pensamientos cuando notemos que estamos decaídos, esto nos ayudará a encontrarnos mucho mejor.

Ahora elijo pensamiento que me
ayuden en la vida

Programe su mente de una manera provechosa

Los pensamientos positivos ayudan al que los tiene, que es usted; los pensamientos inútiles no. Lo que usted piensa afecta a cómo se siente y actúa. Recuerde siempre que puede escoger los pensamientos en los que hacer hincapié. Usted elige sus pensamientos y es quien es en gran medida a causa de ellos.

Su mente es como un ordenador. Aparece lo que le programe. De niño, muchos de sus programas habrán sido «escritos» por sus padres, maestros y demás. Casi todo esto habrá resultado provechoso, pero algunos de esos pensamientos pueden no ser adecuados para la vida adulta.

Además, los niños son seres autodeterminados; a una edad muy temprana se forman opiniones firmes y tienen puntos de vista que pueden no ser pertinentes durante mucho tiempo. Usted necesita estar seguro de que sus pensamientos le resultan de provecho.

Usted puede diluir o desplazar pensamientos que quiere que se vuelvan realidad. La cuestión importante no es si eso es verdadero o no, sino si usted quiere que un pensamiento se vuelva realidad.

No es conveniente intentar influir en otras personas contra su voluntad, especialmente en cuestiones personales, aunque usted puede ejercer influencia si tiene pensamientos positivos. Mientras no podemos influir directamente en otras personas, y ciertamente no podemos hacer que vean nuestro punto de vista, sí podemos perfectamente afectarles en cómo nos sentimos ante cualquier situación y cómo la afrontamos. Al advertir los pensamientos conscientes que no le sean provechosos, podrá darse cuenta de aquellos otros más inconscientes y que afectan en cómo se comporta y siente ante diversas situaciones. Cuando algo se repite o persiste molestándole, puede ayudarle a advertir si alguna de sus creencias o pensamientos subyacentes no le están revelando los resultados que quiere. Una vez reconozca el pensamiento, puede disolverlo y borrarlo o transformarlo en un pensamiento positivo.

Concéntrese en lo bueno de las personas y de las situaciones

Le resultará muy útil a nivel práctico concentrarse expresamente en pensamiento positivos relativos a una persona o a una situación. La generosidad empieza con pensamientos favorables sobre usted mismo y los demás. A medida que su autoestima crece, usted se vuelve más generoso en lo que quiere para sí mismo y para los demás. Podría enviar por adelantado pensamientos y sentimientos de buena voluntad, por ejemplo, hacia todos con los que trabaja, explicándoles mentalmente cuánto les aprecia a ellos y a su aportación. Especialmente en nuestras relaciones más íntimas tendemos a fijarnos en los aspectos que no nos gustan, las cosas que consideramos que no funcionan. En su lugar puede ser útil centrarse deliberadamente en lo que nos gusta de una persona, lo que tiene de bueno, sus puntos fuertes y su bondad. Pensar en lo que funciona y lo que es beneficioso asegurará que usted lo note y lo sienta más.

También se sentirá bien si tiene pensamientos positivos porque éstos le afectan ante todo a usted y más que a los demás. Cuando usted tiene pensamientos agradables y armoniosos hacia otras personas o sobre sí mismo, se siente agradable y armonioso. Cuando emite pensamientos de odio y resentimiento, usted es el único que se ve más afectado. Sólo usted recibe la maldición o la bendición de sus propios pensamientos.

Lo que usted piensa no afectará necesariamente la actitud y el comportamiento de las otras personas, especialmente si éstas tienen una agenda diferente a la suya. Hay gente que no actúa con armonía y benevolencia, que a pesar de enviarles pensamientos provechosos continuarán yendo a la suya. Debe dejarlos así y seguir con su propia vida. Afortunadamente, si envía pensamientos armoniosos y de buena voluntad a los otros, hay una tendencia a que le sean correspondidos.

Mi buena voluntad me beneficia a
mí mismo y a los demás

Usted elige sus pensamientos

El aspecto más importante a recordar sobre los pensamientos es que usted los escoge. Si no son provechosos, puede cambiarlos fácilmente. Una mujer que acabó uno de nuestros cursos explicó que, cuando le venían a la cabeza pensamientos negativos sobre sí misma antes de una entrevista, era capaz de cambiarlos tranquilamente de sitio. Iba a la entrevista sintiéndose realmente satisfecha de sí misma. Esta capacidad para escoger muestra, que usted nunca está a merced de pensamientos desagradables y negativos, tanto en cómo le afectan cuando los piensa como en los resultados. Usted no tiene que acoger pensamiento de bajo nivel, puede fácilmente dejarlos ir e introducir aquellos que usted desee.

Puedo elegir lo que pienso en
cualquier momento del día

Utilice las emociones para respaldar sus pensamientos

Los pensamientos que tenemos nos afectan ante todo a nosotros, para lo bueno o para lo malo. Pueden incluir mucha emoción, y esto los hace más poderosos tanto en cómo nos afectan como en el tipo de resultados que obtenemos. Esto puede ser excelente para vigorizar sus pensamientos con una fuerza emocional. Sin embargo, si advierte que ha pasado de un apasionado «Quiero tener esto» a un más desesperado «Tengo que conseguir esto», entonces debe volver a una situación más equilibrada. Un hombre o una mujer desesperado no está en una buena posición. Desde una situación menos desesperada y más centrada es más probable que consiga lo que quiere.

Usted puede ir más allá del pensamiento positivo, hacia un estado en el que su mente y sus emociones se focalicen en lo que quiere conseguir. Si además conecta con su intuición para averiguar lo que es adecuado para usted y actúa de la manera correcta, estará definitivamente en el camino del éxito.

Si quiere tener más éxito en un ámbito concreto, necesitará identificar los pensamientos positivos que le resulten correctos. Puede cambiar un antiguo pensamiento negativo e introducir uno nuevo y positivo. Añada a esto la energía emocional de lo que espera sentir y llévelo a su sensibilidad. Esto le ayudará a traerlos hacia usted o conseguir el resultado que desea.

Nuestros pensamientos y emociones son muy poderosos. Si los usamos juntos nos podremos ayudar más.

Ahora elijo pensamientos que
aseguren mi éxito

Objetivos personales

Elegir pensamientos beneficiosos

1. Escriba todos los pensamientos sobre sí mismo que le sirvan de apoyo y le resulten positivos. Por ejemplo: «Soy un buen oyente, consigo hacer las cosas». Estos son pensamientos para recordar y repetir.
2. Anote aquellos pensamientos que tenga y no le ayudan. Por ejemplo: «No soy bueno con la gente, nunca acabaré este proyecto». Cuando lo haya identificado, disuélvalos o anúlelos. Déjelos partir. Puede imaginar gráficamente este acontecimiento.
3. En una situación que no funcione advierta qué puede hacer para que sus pensamientos le apoyen a usted y a la situación. Primero anote lo que vaya identificando

como pensamientos negativos sobre la situación, por ejemplo, «No soy lo suficientemente bueno para avanzar con este trabajo; requiere demasiado tiempo; nunca lograré hacerlo».

Ahora transfórmelos en pensamientos positivos, por ejemplo: «Soy más que bueno para avanzar con este trabajo. Termino las tareas y proyectos que he escogido con confianza, competencia y facilidad». Ahora compruebe que esos ajustes le satisfacen. No parecerán correctos inmediatamente, ¡si no, usted no se molestaría en repetirlos!

4. Si quiere una situación concreta, pregúntese cuáles serían los pensamientos más positivos que podría tener sobre los resultados. Tan pronto fije una meta y pase a la acción, recuérdese continuamente estos pensamientos positivos para tener unos resultados beneficiosos. Anote abajo su objetivo para la situación y el correspondiente pensamiento positivo.

Relajación

Tener pensamientos de apoyo

Relajando cuerpo y mente, imagine que todos los pensamientos negativos se diluyen y desaparecen. Vea en su lugar claridad y brillo. Si hay una situación que le preocupe o le tenga desconcertado, apele a su intuición para ayudarle a identificar cualquier pensamiento negativo a fin de poder cambiarlo más fácilmente. Ahora introduzca sus nuevos pensamientos positivos. Imagínese en esta nueva situación. Dése cuenta de lo bien que se siente. Puede entrar en esta sensación en cualquier momento. Usted sabe qué hacer y lo quiere hacer. Salga suavemente de la relajación. Ahora está preparado para dar los pasos adecuados.

3. Haga que sus emociones sean una ayuda en lugar de un estorbo

Hágase amigo de sus sentimientos

Tener una alta autoestima no significa sofocar sus sentimientos más sensibles, significa escuchar, respetar y aceptar todas sus emociones, ¡incluso las que desearía no tener! No obstante, en su vida puede encontrar emociones «difíciles». Pero usted no es el único. Mucha gente encuentra todo esto confuso e incluso espantoso. Parece como si, a pesar de que podemos ser muy competentes en otros ámbitos, por ejemplo, en nuestras vidas profesionales, cuando algo afecta a nuestras emociones nos sentimos mucho menos seguros de nosotros mismos, casi como si en ese aspecto fuéramos más jóvenes, como un niño o un adolescente. No podemos combatir este problema manteniéndonos firmes o no inmutándonos.

Tal vez encuentre que la cólera es especialmente difícil de manejar, sea de sí mismo o de cualquier otro. Mucha gente lo cree. Muy a menudo aprendemos a contener nuestra ira y a no mostrarla. Puede recordar cómo de niño le castigaron por sus rabietas o tal vez ha crecido en una familia en la que nadie mostraba sus sentimientos, o sólo lo hace un miembro. Así usted decide que no quiere ninguna de estas emociones. ¡Sin embargo, de adulto mantiene interiormente la rabieta!

Debería también contener las lágrimas y la tristeza. Si esto sucede en una situación laboral, es importante que sepa cómo se siente. Cuando vuelva a casa puede tomarse, si quiere, su propio tiempo para llorar o enfadarse. Sienta la tristeza o la cólera y éstas cambiarán y se transformarán.

Las emociones cambian. Por ejemplo, la cólera puede volverse determinación y la tristeza puede convertirse en compasión. Además, es más difícil de lo que cree expresar pura cólera o tristeza durante un largo rato, por eso usted no va a aguantar siempre estos sentimientos. Lo que sí es incómodo y agotador es tratar de prevenir y contener las propias emociones. Si deja que sus emociones se manifiesten tranquilamente, éstas aflorarán, se transformarán y cambiarán.

La gente que participa en nuestros programas dice que teme ser arrollada por sus sentimientos, que se revelará inadecuada para su trabajo, que las cosas estarán fuera de control y causarán daño a la otra gente o a las propiedades. Desde esta óptica, usted estaría tratando a sus emociones como un enemigo a combatir y contener. Sin embargo, hacerse amigo de sus sentimientos le ayudará a mejorar. Nuestras emociones pueden ser un indicador real de lo que queremos.

Dígase la verdad

Antes de decidir si va a comunicar a otra persona lo que siente, debe saber exactamente de qué sentimiento se trata. Tiene que decirse a sí mismo la verdad antes de poder co-

39

municarla a otra persona. De hecho usted estuvo en contacto con sus emociones en su primera juventud, antes de aprender a ser «bueno» y ocultar o contener sus sentimientos. Para ayudarle a recuperar ese contacto en el día a día, especialmente cuando se sienta incómodo con una persona o en una situación, no se pregunte: «¿Qué pienso de esto?» sino, «¿Cómo me siento realmente con esta persona o ante esta situación?» Si ve que su cuerpo está lleno de ira, es bueno que la libere, por ejemplo con una rápida caminata, una carrera o cualquier otro ejercicio físico. Sin embargo, aunque esto sirve como una ayuda temporal, nada cambiará a largo plazo hasta que no nos hayamos liberado del componente emocional y cambiado las pautas mentales de nuestros pensamientos. Si usted ha estado anteponiendo los sentimientos de otras personas a los suyos propios y, con toda probabilidad, sintiéndose mal por ello, entonces pregúntese durante unas dos semanas ante cualquier situación: «¿Es esto lo mejor para mí?» ¡Quedará sorprendido de sus respuestas!

Ahora escucho y respeto lo
que siento

Si se siente herido, deshágase de la culpa

Si está enfadado y resentido con otra persona, esto le sacará de sus casillas más que cualquier otra cosa. Nuestros sentimientos más profundos son provocados por aquellos con los que tenemos una relación más íntima o que vemos diariamente en nuestro trabajo. Usted se siente mal y encuentra que la situación es difícil de sobrellevar. Incluso cuando no está físicamente en presencia de esa persona, pasa una buena parte del tiempo pensando en ella.

A veces le pone tan furioso una persona que sentiría deseos de matarla. Usted puede pretender que no sucede nada malo entre ustedes, que ello no le preocupa y que es neutral. ¡No lo es en absoluto! Es mejor que se diga la verdad cuando alguna de sus relaciones esté en desarmonía. Siempre sabemos cuándo estamos molestos por la relación con otra persona. La agitación emocional suele acompañarnos cada vez que damos vueltas a la situación y pensamos lo injusta que es. ¡Puede ser la última persona en la que queremos pensar y sin embargo será la primera que nos vendrá a la cabeza! Nuestros pensamientos y emociones estarán totalmente ligados a ella. Si el problema es con alguien de su trabajo, puede prometerse que no se molestará por esa persona hasta el día siguiente. Pero ¿quién está en su mente en el momento de abandonar su trabajo? ¿Quién está en su mente la mayor parte de la noche? ¿No es esa persona?

Cuando esté a punto de disgustarse, es importante que se dé cuenta de cómo se siente en su interior, sea cólera, tristeza, miedo o envidia. Si se relaja suavemente y respira a fondo puede empezar a dejar que sus emociones cambien. Nuestras emociones siempre están cambiando y pronto se sentirá diferente. De nada sirve pretender que no las sentimos. Cuando intentamos apartarlas, nos cansamos e incluso enfermamos.

Podría también estar pensando en cómo puede herir a la persona que cree que le ha ofendido. Ésta es una primera reacción natural. Podría planear su venganza, imaginar que se sentirá mejor y podría decir que usted sólo quiere ver cumplir la justicia. En este punto la paz mental parece como si no existiera. Los pensamientos de enfado y resentimiento que tiene le hacen sentirse incluso peor. Sus pensamientos, su tiempo y su energía se ven atrapados. Y así, ¿qué puede hacer?

Si realmente quiere superarlo, necesita desear un cambio de sentimientos, incluso si nunca vuelve a ver a la persona o personas interesadas; estos opresivos lazos de culpa le van a resultar un duro lastre a menos que los resuelva. Puede ser muy difícil abandonar el resentimiento cuando todos creen que usted tiene razón. Le puede servir de ayuda recordar momentos en los que usted mismo ha sido menos afectuoso, comprensivo o considerado con otra persona. Si piensa en esto se dará cuenta que no tenía una buena opinión de sí mismo; tal vez estaba molesto por algo, no se llevaba bien con alguien próximo a usted o había sufrido una pérdida de confianza. Cuando nos estamos defendiendo a veces podemos actuar de manera totalmente inadecuada o incluso cruel, especialmente cuando en el fondo estamos muy asustados. Le puede ser de ayuda considerar esto y lo mismo podría aplicarse a la persona que le ha tratado tan mal. Sin embargo, como regla general debe saber que cuanto más detestable se vuelve o ha sido una persona, más neurótica es. Esto resulta especialmente cierto cuando la gente presenta una apariencia fría, indiferente, impasible.

El único camino para recobrar la paz mental, y que puede parecer su salvación, es desear liberarse expulsando de su corazón esas ofensas. Cuando empiece a hacerlo, se notará más libre, y si continúa descubrirá que avanza más y más cada día, sintiéndose mucho mejor al hacerlo.

Ahora me permito sentirme
tranquilo

Reconozca cuáles son sus sentimientos

Note cómo le afectan los sentimientos y emociones de otras personas; casi parece absorber su cólera o tristeza. Esto les sucede a menudo a los niños pequeños, que son ~~absorbentes»~~ respecto a las emociones de las otras ~~recuerde~~ conscientemente que éstos no son ~~sentimientos~~, y entonces los podrá dejar marchar. Libérese de esta energía negativa. Dé una vuelta a la manzana. Vuelva a concentrarse en sí mismo y en lo que necesita hacer.

Es importante reconocer lo que usted está sintiendo y disfrutar de estos sentimientos o relajarse y permitirse cambiarlos o desplazarlos. Cuanto más integre sus sentimientos molestos, más que eliminarlos, mejor se sentirá consigo mismo y más preparado estará para realizar lo que es importante para usted

Todos tenemos momentos en los que sentimos que hemos abandonado el rumbo, perdiendo tiempo, energía y dinero. Esto puede ser especialmente desconcertante si hemos estado anhelando hacer algo y sentimos que tenemos que dejar de confundirnos e implicarnos en problemas que son de otras personas y no nuestros. Si le sucede esto, aparte con fuerza su atención de lo que concierne a los demás, esos aspectos a los que usted no quiere dedicar tiempo y energías, y sitúe esta energía en sus propias esperanzas e ilusiones. Es difícil cuando siente que ha sufrido una injusticia y quiere enmendarla, o quiere protegerse y defenderse; vea si puede hacer esto sin permitir que la gente o una situación le reclamen más energía. Deje de culparse por haber gastado tanto tiempo, energías o dinero con esa situación.

Es fácil ver *a posteriori* que podríamos haber actuado de un modo diferente y haber seguido adelante con lo que era importante para nosotros, aunque siempre estamos haciendo lo mejor que podemos en todo momento. Sin duda existen personas destructivas, desagradables, que maliciosamente intentan molestar o dañar a los demás. Mientras podamos saber quiénes son los molestos, no debemos relacionarnos con ellos al menos durante un tiempo. Si usted se ve envuelto en una situación como ésta, retírese a un nivel emocional para proteger sus derechos. Reconozca lo enfadado que se siente al no haber hecho las cosas de una manera diferente, y entonces pare. Simplemente déjelo y siga con lo que es importante para usted.

Ahora me libero de las emociones
que no quiero

Aplaque el miedo y el pánico

Cuando usted s sienta asustado por lo que pueda suceder en el futuro, por un acontecimiento particular o un encuentro al que teme, o está aterrorizado por una situación, sepa que es posible recuperar la autoestima y sentirse de nuevo equilibrado. Ante todo necesita relajar su cuerpo y sentir el miedo. Al hacerlo empezará a avanzar a través de usted. Intente ahora sentir coraje para ayudarle a disipar ese miedo. Recuerde que está a salvo, que usted puede controlar la situación o a esa persona. Ahora decida lo que debe hacer para lograr el resultado que quiere, qué pasos necesita tomar, lo que debe decir. Decida si esto es algo que quiere hacer ahora y sea honesto. Si le va a suponer tiempo y energías y está involucrado en un proyecto importante, podría posponerlo, pero compruebe que no lo está haciendo por miedo. Busque esas personas que le ayudarán a avanzar. Dé entonces el primer paso, al pasar a la acción sentirá menos miedo.

Cuidando de usted mismo

En épocas de crisis emocionales, aliméntese y cuídese, vea que sus necesidades físicas se encuentran atendidas por la comida nutritiva, el ejercicio moderado, el aire fresco y la relajación. Hable también con amigos y familiares que le quieran y le apoyen. Decida lo que le gustaría hacer y también confíe en que puede hacerlo, que es importante y le ayudará en su propósito. Reconsidere lo que haya decidido. Puede concebir un futuro feliz, lleno de todo lo que desea para sí. Siéntase aliviado en medio de aparentes exámenes y juicios. Si le parece que la calamidad le ha golpeado, relájese y siga su propia orientación. Si es necesario, aplace conscientemente el tomar decisiones. Manténgase centrado y no se preocupe sobre a quien hay que culpar. Haga lo que sea mejor para usted, conservando la alegría. Haga lo que sea necesario, si es posible, para rectificar la situación. Ponga su atención en lo que es importante para usted. Tenga a su alrededor amigos que le apoyen, que reconozcan sus sentimiento y le vayan recordando poco a poco que debe tener pensamientos positivos.

Usted elige cómo encontrarse

A algunas personas les sorprende oír que pueden escoger y cambiar sus emociones. No es útil esperar simplemente a que pronto se sienta mejor o bien intentar cambiar repentinamente unos sentimientos depresivos. Tampoco sirve de nada tratar de expulsar los sentimientos que no quiere y aferrarse desesperadamente a los que quiere. Si deja que sus sentimientos se expresen, éstos fluyen y cambian en vez de permanecer inalterados. Cuando no hay muchas expectativas, puede sentirse bastante débil y abatido. Sin embargo, si repentinamente recibe una invitación para hacer algo emocionante, note cómo sus emociones cambian inmediatamente. De nuevo se siente inspirado y entusiasmado. Esto le muestra lo rápido que pueden cambiar sus emociones.

Pero no siempre habrá una oferta emocionante en un momento en el que usted se sienta decaído. Lo importante es aprender a estimular este cambio interior introduciendo pensamientos positivos e imaginando un resultado más emocionante o atractivo. También puede ir hacia sentimientos más felices recordando experiencias pasadas agradables.

Cambiar los pensamientos que no le ayudan puede realmente transformar su manera de sentir. Si está muy deprimido, elimine los pensamientos que le sirvan de poca ayuda. No se sorprenda si se siente débil, ¡cualquiera lo estaría teniendo esos pensamientos! Vuelva ahora a escribir aquellos pensamientos que le puedan servir de apoyo. Sin duda se sentirá mejor. Puede entonces ir repitiendo este proceso hasta que se vuelva a sentir bien. Inténtelo, especialmente si no se siente así. ¡Se sorprenderá de lo bien que funciona!

Los otros no pueden hacerle feliz

Un aspecto importante de la autoestima es darse cuenta de que nadie más puede hacerle feliz. Usted es independiente y responsable de sí mismo. Tanto como tener una cierta interdependencia con otras personas, usted es responsable de su propio bienestar y felicidad. La buena noticia es que, si sigue su propia intuición, automáticamente hará lo que es mejor y más necesario para usted respecto a su trabajo, salud, relaciones con los demás y su hogar. Esto incluirá, por ejemplo, ir a los médicos apropiados u obtener el consejo que quiere sobre un aspecto de su trabajo.

Tenemos tendencia a suponer que otra persona nos hará sentir física, mental y emocionalmente mejor. Lo cierto es que nosotros mismos debemos tomar la iniciativa. Si bien el consejo y la información de los demás es importante, sólo usted puede saber qué es mejor para sí mismo y si el consejo de los demás le resulta correcto como persona única e individual.

Mientras necesite identificar pensamiento y actitudes que no apoyen su autoestima o su vida, mientras necesite reconocer sus sentimientos para dejarlos fluir, nunca le será útil explayarse en el enfado, o en pensamientos y sentimientos triste, para que le cubran como un sudario y le impidan progresar y sentir su propio valor. Una vez haya decidido ser feliz, podrá entonces ayudarse en todo, sin cansarse excesivamente, logrando el equilibrio entre actividad y relajación con el apoyo de los demás.

Ante todo usted puede apoyarse en cómo piensa de sí mismo y de los otros, practicando el autorrespeto, respetando a los demás, dejando de culparse a sí mismo y a los demás. Sentimos alegría cuando actuamos de acuerdo con nuestra intuición sobre lo que es correcto y apropiado, cuando nos comportamos de manera responsable y honesta. Como bien sabrá, usted es consciente de sus elecciones. Las decisiones que toma desapasionadamente y con intención de madurar llevan a la felicidad. Su felicidad se relaciona con su objetivo, la sensación de tener algo valioso que hacer y contribuir. Entonces usted confía no en la suerte o un destino exterior, sino en los resultados de sus pensamientos y su propia acción.

Ahora decido ser feliz

Objetivos personales

Sentir sus emociones le ayuda

1. Para las próximas dos semanas, cuando se sienta inquieto o simplemente incómodo pregúntese: «¿Qué siento sobre todo esto?» Cuando haya estado anteponiendo a los demás, pregúntese ante las diferentes situaciones: «¿Qué es lo mejor para mí?» Anote alguna de sus respuestas.

2. Anote las emociones que desee sentir. ¿Cuál quiere que sea su objetivo? Teniendo en cuenta esto y acordándose de aquéllas, el énfasis emocional que experimente cambiará.

3. Note (y apúntelo abajo) cómo sus emociones cambian cuando está con determinadas personas. Por ejemplo, pasar el tiempo con alguien muy negativo tenderá a debilitarle. Y, al contrario, cuando se sienta deprimido, alguien entusiasta y alentador le ayudará a animarse. Anote esto como una orientación.

4. Note qué emociones son de usted y cuáles son de otra persona. Conscientemente deje las emociones que no sean suyas. Esto le será útil para mantener la claridad y la armonía.

Líbrese de la culpa

Si cree que no merece la pena perder el tiempo de este ejercicio con cierta persona, ¡justamente es esa persona la más indicada! Debería releer las secciones *Si se siente herido* (página 40) y *Reconozca cuáles son sus sentimientos* (página 42) antes de hacer este ejercicio. Podría ser que piense en más de una persona; en este caso hágalo con la primera que le venga a la cabeza.

1. Anote el nombre de la persona con la que usted se sienta enfadado o herido.

2. Haga un listado de todas las cosas a las que culpa, todo por lo que se sienta afectado o herido.

3. Al escribir y exteriorizar todo esto, ¿cómo se siente?

   ¿Qué quiere, vengarse o sentirse libre y feliz? Si es esto último, entonces debe empezar a dejar de culparse. Recuerde esto cuando vuelva a pensar en la persona; su preocupación disminuirá y hará desvanecer los sentimientos dañinos.

4. Ponga firmemente su atención en sí mismo. Concéntrese en lo que quiere conseguir. ¿Qué puede hacer que sea importante para usted? ¿Qué puede hacer que sea agradable?

Cuando se sienta disgustado

1. Escriba cómo se siente.
2. ¿Qué acción puede tomar para reparar los sentimientos dañinos que ha estado sintiendo? Anótela.
3. Escriba los pensamientos de apoyo que en este momento tenga para sí mismo.
4. Incluso si para ello tiene que forzarse, note en qué necesita concentrarse. ¿Qué es importante para usted? ¿Qué puede hacer que le ayude a sentirse mejor?

Relajación

Ir hacia un mayor éxito

Sitúese en un estado relajado, con comodidad y confianza. Vea y note que tiene buen aspecto y se siente bien, tranquilo, todavía entusiasmado y lleno de vida. Note todo lo que ha estado trabajando para usted, lo rica que es su vida ahora y en el futuro. Vea que su cólera hacia una persona concreta es como pequeñas flechas, que se sacude y se desvanecen. Como ahora usted es la mejor persona en la que gastar su energía, vea cómo avanza, recargado con su propia energía. Imagine que toda la fuerza del mal aliada contra usted le impulsa ahora hacia delante con una mayor intensidad. Avanza hacia el mayor éxito y la mayor felicidad. Ahora relájese completamente. Espere un instante antes de abrir suavemente los ojos.

4. Su intuición personal

Escúchese

Cuando las situaciones o circunstancias parecen ser molestar o difíciles, a menudo nos preguntamos qué es lo mejor que podemos hacer. A veces damos literalmente vueltas por la casa en un intento de determinar qué podemos hacer. Lo cierto es que las respuestas a lo que necesitamos y queremos saber residen en cada uno de nosotros y las podemos obtener escuchando a nuestra propia intuición. Hay momento en los que se requiere más información o consejo; por ejemplo, sobre procedimientos legales. Pero sobre los tipos de preguntas que constantemente se hace, como por ejemplo: «¿Qué debo hacer ahora con relación a esto?», «¿Cómo quiero relacionarme realmente con esta persona?» o «¿Qué es lo mejor que puedo hacer por mí en estos momentos?», las respuestas residen dentro de usted. Sin embargo aunque siga diciendo «Quiero saber qué hacer», podría estar tan ocupado, tan ansioso y tan estresado que en realidad nunca podrá oír una sola respuesta de su intuición.

La intuición es una parte vital de su autoestima. Le orienta para hacer lo que le resulte mejor a usted como persona única e individual. Lo que es mejor para otra persona puede no ser necesariamente mejor para usted. Su intuición es una voz interior que le guía, le hace especial y embellece su vida. Sin su intuición se derrocharía mucha energía, es como si se moviera por una carretera sin tener claro hacia dónde se dirige y sin una luz que le oriente. Para empezar debería estar más en contacto con su intuición durante el rato de relajación, cuando su mente y su cuerpo empiezan a sentirse más tranquilos y relajados. A las pocas semanas, al ejercitar las pausas y la relajación, podrá estar más en contacto con su intuición durante todo el día.

Al escuchar mi intuición sé qué es lo
más adecuado para mí

Reconozca su intuición personal

Tal vez haya tenido la experiencia de seguir con éxito un presentimiento. También debe de haber sentido su intuición cuando ha renunciado a intentar resolver un problema, ha hecho otra cosa y la solución se ha presentado por sí sola. Sin embargo, esto puede ser un modo poco científico de resolver las cosas y puede además llevar mucho tiempo. Encontrar un modo de hacer esto mismo de una manera sistemática y regular le aportará más de los resultados y respuestas deseados. Mientras su cuerpo y su mente estén tensos, será más difícil escuchar a su intuición. Por eso resulta práctico aprender a relajar el cuerpo y abandonar los pensamientos de trabajo. Cuando lo haya regularmente, se sentirá más tranquilo y equilibrado. Se dará cuenta de las respuestas a las preguntas personales que le han estado confundiendo durante tiempo. Casi todos nosotros necesitamos antes establecer el hábito de relajarnos y calmarnos.

Su intuición siempre es compasiva con usted mismo y con los demás. No le sugerirá llegar muy lejos con otra persona o con un esfuerzo que no le sea apropiado en ese momento. Cuando lo lleva a cabo, al usar su intuición tendrá la sensación de «esto es adecuado para mí». Además se sentirá a gusto en su cuerpo. Aunque a veces le pueda parecer inusual lo que su intuición le sugiere, a menudo resulta muy práctico.

Emplee su tiempo de la mejor manera posible

Una vez haya aprendido a relajar cuerpo y mente le será mucho más fácil escuchar, darse cuenta de lo que es más adecuado para usted. Al principio podrá no reconocer la respuesta o recibirla en otro momento. Durante todo el día, en medio de sus actividades, puede aprender a concentrarse y preguntarse: «¿Qué es lo mejor que puedo hacer a continuación?» o reajustar cuando le parezca que se despista o pierde el tiempo. Escuchar a su intuición es una maravillosa herramienta para administrar el tiempo. Su intuición es la clave para saber lo que es correcto para usted, como individuo único, en cualquier momento.

Cuanto más escucho a mi intuición,
mejor administro mi tiempo y mis
energías

Puede confiar en sí mismo

Usted puede preguntarse a sí mismo qué quiere saber y escuchar sus respuestas. Normalmente no recibirá respuestas detalladas para varios años, pues ello no se correspondería con la idea de la vida como un camino que evoluciona, cambia y fluye. Sin embargo, se dará cuenta suficiente para confiar en que usted siempre va a saber cómo comportarse y actuar. Se dará cuenta de los pasos adecuados que deberá dar en todo momento. A veces el consejo será esperar y no entrar en acción.

Escuchar a su intuición y actuar adecuadamente le protegerá de hacer coas que no son respetuosas con usted ni con los demás. Puede evitar que diga «sí» cuando quiere decir «no» y «no» cuando quiere decir «sí». Su intuición le pondrá en contacto con su propio objetivo en la vida y con lo que es importante para usted. Esto se irá desarrollando gradualmente.

Cuando empiece a escuchar a su intuición se podrá preguntar: «¿Es el miedo, o incluso el prejuicio, el que está hablando?» Es útil distinguir su intuición personal del miedo preguntándose: «¿Qué haría si no sintiera tanto miedo?» Sin embargo, no hay necesidad de ir más allá de lo que considere apropiado para usted. De todos modos siempre sentirá miedo, así que sólo necesita avanzar en lo que quiere hacer.

Siempre confío, en mí mismo para
saber qué debo decir y hacer

Desarrollar su intuición personal

Usted desarrolla su intuición identificándola y, lo más importante, usándola. Previamente habrá notado su intuición en los sentimientos, al saber quién está llamando cuando suena el teléfono o al pensar en un amigo y descubrir que él estaba también pensando en usted. Aprenda a callar y escuche diariamente a su intuición; establecerá este enlace, haciendo más sencillo el ayudarse a sí mismo cuando sienta que una situación es muy urgente e importante.

Nuestra intuición es de uso exclusivamente personal, así que cuídese de lo que las otras personas deberían hacer cuando usted la use. Además, si alguien quiere una explicación –especialmente cuando usted sabe que sus motivos pueden parecer sospechosos o no pensados con detalle–, ¡no le diga que simplemente fue una intuición!

Fijarse una meta

Es importante fijarse objetivos usando su intuición. Si lo hace, las metas que establezca serán las adecuadas para usted y puede pasar mejor a la práctica. Aunque es bueno tener objetivos claros y precisos, también es importante dejar cierta flexibilidad sobre cómo estos objetivos tanto a largo como a corto plazo, estar concentrado aunque también flexible. Descubrirá nuevas maneras de hacer las cosas y una mayor creatividad. En el trabajo esto puede llevar a nuevos productos y servicios. Usada de una manera sistemática en el trabajo, la intuición aumenta su productividad y eficiencia. En un grupo, una familia o un equipo hay una mayor armonía cuando las personas operan según su propia intuición que no según su ego. Usar su intuición es mejor tanto para usted como para los demás.

La clave de su modelo interior

Igual que las semillas se convierten en flores y frutos, todos nosotros tenemos en nuestro interior un modelo interno o proyecto de perfección. Por su naturaleza, este modelo es único y especial para cada individuo. El proyecto de una persona concreta nunca será válido para que lo siga otra. Naturalmente nos sentiremos más felices y realizados si seguimos lo que es el perfecto trabajo de nuestro modelo interior. ¿Cómo nos ponemos en contacto y sabemos cuál es este modelo interior? Obviamente porque cada persona es única y especial, nadie más puede decirnos cuál es. La clave para esta autocomprensión es escuchar a su propia intuición.

A menudo nuestras fantasías recurrentes pueden proporcionar pistas, especialmente cuando nos vemos realizando el trabajo que nos encantaría hacer o actuando de un modo que es útil y sirve a los demás. ¿Cuáles son sus fantasías recurrentes? ¿No contienen las semillas de lo mejor que usted puede ser, lo que le encantaría estar haciendo?

A veces vemos a otra persona haciendo algo y, aunque nadie puede verdaderamente emular a otra, sabemos que nos gustaría hacer eso o algo parecido. Confíe en este sentido interior como orientación. Además, podemos volver a nosotros mismos y a nuestro modelo interno en nuestros ratos de tranquilidad, especialmente respecto a nuestro objetivo o propósito. Podemos plantear preguntas que ayudarán a desarrollar nuestro proyecto, pensando qué aspectos escogeremos. Podemos preguntarnos: «¿Qué es para mí lo más importante que hay que hacer?», «¿Cómo quiero vivir mi vida?», «¿Qué quiero conseguir en realidad?» Las respuestas vendrán, tal vez paulatinamente, exigiéndonos tener a mano una libreta y actuando adecuadamente.

Empezará a notar que hay ciertas actividades que le resultan más vigorizantes. Imagine cuál sería su vida perfecta, su trabajo perfecto. Puede anotarlo y describirlo. Sin embargo necesita antes que este descubrimiento, este desarrollo de su proyecto interior y su sentido de la orientación tan importante para usted, sea una prioridad. Acostúmbrese a escuchar a su intuición cuando se relaje cada día, así en otros momentos del día le resultará más fácil hacer una pausa y encontrarse a sí mismo. Cuando tiene una certeza sobre su dirección y su propósito, tanto más aparece a la vista.

Objetivos personales y relajaciones

Escuchar a su propia intuición

Relájese completamente y después abra suavemente los ojos. Permanezca relajado hasta completar el siguiente ejercicio.

1. Vea cómo planea lo que va a hacer mañana y considere si esto es pasar el tiempo de la manera más valiosa para usted. Haga los ajustes que pueda de acuerdo con su autoestima y su intuición.

2. Vaya anotando en su libreta sus fantasías y cualquier cosa que le proporciones placer o una subida de energía. ¿Alguno de sus planes prácticos le proporciona la misma subida de energía y entusiasmo? Éstos son los aspectos a desarrollar.

3. Anote dos preguntas a las que le gustaría tener respuestas. Intente llegar a un estado de relajación, tal vez con música, y escuche entonces a su intuición. Las sugerencias pueden venir en este momento o más tarde. Cuando vuelva a estar alerta, puede valorar qué quiere hacer con esta información y dar los pasos adecuados.

Fijar metas

1. Los pasos específicos son extremadamente útiles para establecer objetivos y debe anotarlos. Posiblemente lo hace así cuando va al supermercado. ¡Hágalo también para su vida! Desde una posición relajada,

entrando en contacto con su propia intuición, vea las metas que quiere para su vida. Aclárelas tan detalladamente como pueda.

2. Defina y anote metas específicas en un calendario fijado por usted. ¿Dónde estarán usted y este objetivo dentro de seis meses o de un año? Ahora véalo más próximo. ¿Dónde le gustaría estar dentro de un mes o dos? Por más a largo plazo que puedan ser sus objetivos, también necesita alcanzar regularmente etapas a corto plazo.

3. Dado su objetivo (en el punto anterior), anote aquellos pensamientos de autoestima que le serán más útiles y después, en la siguiente línea, anote las personas que le apoyarán en el logro de esa meta. Debajo de esto, haga una lista de todos los pasos que necesitará dar.

5. Controlar su estrés, el cambio y su tiempo

Reconozca cuándo está estresado

Aunque los síntomas del estrés están bien documentados, usted suele tener una sola respuesta ante él. Por ejemplo, puede sentirse físicamente mal o emocionalmente preocupado, sin poder relajarse y agotado. Tal vez se siente incapaz de pensar con claridad y nota que sus energías están dispersas. Puede llegar a disgustarse por pequeñas cosas y estar ansioso e irritable en sus relaciones con los demás. Es probable que tome decisiones que no le favorecen porque no hace una pausa para escucharse, a usted y a su intuición: esos presentimientos que le orientan sobre lo mejor que puede hacer.

Las causas del estrés

Cuando queremos ver qué causa el estrés, nos puede parecer que sufrimos si tenemos demasiado que hacer o intentamos hacer demasiadas cosas en poco tiempo. Tal vez sentimos que nos precipitamos a tomar decisiones antes de estar preparados para ello. Pero ¿es usted consciente de que la mayor causa del estrés es una baja autoestima? Si se fija en cómo piensa de sí mismo o de los demás cuando está tenso, puede comprender por qué es así, pues cuando las cosas son difíciles emergen los pensamientos que menos pueden ayudar. Por ejemplo, tan pronto se dice a sí mismo «no valgo gran cosa», «nunca conseguiré hacer esto», su nivel de estrés aumenta. En otras palabras, no son los hechos reales sino los pensamientos que tenemos hacia ellos los que nos causan un mayor estrés. Si, por ejemplo, nos decimos que lo estamos haciendo bien y que estamos logrando mucho teniendo en cuenta las circunstancias, en vez de concentrarnos en lo mal que lo hacemos y en lo lentamente que progresamos, reduciremos inmediatamente los niveles de estrés. Ahora que ya sabe cómo aumentar su nivel de autoestima, puede empezar a reducir el nivel de estrés en su vida.

A medida que aumento mi
autoestima, reduzco el estrés
en mi vida

Otra causa de estrés consiste en no haber identificado una meta para sí mismo. Esto ocurre cuando no sabe qué hacer con su talento y sus habilidades, tanto en su trabajo como en sus horas de ocio. Si no hay una dirección para su energía puede resultar estresante para usted y para aquellos que le rodean, ya que tendrá tendencia a querer que los demás le hagan sentir realizado en lugar de hacerlo por sí mismo. También hay una tendencia a culpar a los demás en lugar de escucharse a sí mismo sobre aquello que le es adecuado.

Tener que trabajar con una persona difícil resulta muy estresante. Nos puede dar la impresión de que no controlamos la situación y que somos incapaces de cambiar. Aunque una actitud inadecuada a veces se puede controlar en el trabajo, es muy frecuente que resulte más penoso el comportamiento habitual de alguien que no una mala conducta en un momento dado. Mientras usted pueda y deba preguntar lo que quiera, necesita trabajar en base a que la otra persona puede no cambiar. Aquí las tácticas serán reducir su estrés y malestar y dejar de perder su energía en ellos.

Respétese a sí mismo, defiéndase, aparte su energía emocional y concéntrese en usted mismo. Cuando sienta una falta de respeto y aprecio de, por ejemplo, su jefe, recuerde sus pensamientos positivos. Por ejemplo: «Estoy haciendo un buen trabajo», «Me aprecio y me apruebo», «Mi contribución es de gran valor». Si escoge estos pensamientos positivos, cuando se sienta presionado o no valorado disminuirá el nivel de estrés y aumentará el de autoestima.

Mucho de lo que llamamos estrés es miedo y preocupación; preocupación sobre el pasado o miedo ante el futuro. Puede escoger pensar de manera diferente sobre el pasado y sus pensamientos positivos y acciones en el presente son la mejor garantía del éxito futuro. Una de las constantes en la vida es el cambio y esto conlleva incertidumbre. No convendría saber exactamente qué va a suceder. Estamos en un mundo de constantes posibilidades y oportunidades de cambio. A pesar de no tener la seguridad de conocer ciertas consecuencias, no es necesario sentir estrés, angustia o miedo. Tenga la autoestima necesaria para ser consciente de lo que puede depender de usted mismo y saber qué es lo mejor que puede hacer en cualquier momento. Esto aumentará tanto su seguridad interior que será capaz de vencer y hacer lo mejor en cualquier situación.

Mi auténtica seguridad surge
de mí mismo

Equilibrio del estilo de vida

Especialmente en épocas de estrés y cambios rápidos puede suceder que al menos una parcela de nuestras vidas, sea trabajo o una relación, cambie de la noche a la mañana y esto lo podemos superar si realmente tenemos nuestras vidas equilibradas.

A veces puede necesitar gastar mucho tiempo y energía en el trabajo, mientras en otros momentos siente la necesidad de volver a contactar con amigos o arreglar las cosas para pasar tiempo con su familia. Cualquiera que sea su mayor compromiso, es importante poner algo de atención en las otras áreas y particularmente cuidar su salud y apariencia. Lo más importante es encontrar tiempo y espacio para hacer lo que le resulte agradable, incluso si el tiempo que dedica es relativamente corto. Esto es vital para su autoestima y le dará más energía y entusiasmo para los aspectos de la vida que ahora tal vez parecen una obligación.

Una relajación regular le ayudará a sentirse más tranquilo. Es vital tener en todo momento algo de paz y tranquilidad donde pueda escuchar su intuición y ver las cosas desde una perspectiva más equilibrada.

Un directivo que se sentía muy estresado en el trabajo, con un montón de obligaciones que atender y de decisiones que tomar, sintió que no disponía de tiempo para relajarse. Sin embargo, las cosas iban tan mal que como último recurso acabó intentando dedicar tiempo para relajarse. Se sorprendió de la diferencia que esto le supuso. No sólo pudo ver más claramente lo que tenía que hacer, sino que se presentaron por sí mismas más oportunidades y posibilidades. Decidió que relajarse y escucharse a sí mismo era la mejor ayuda en el empleo del tiempo que había encontrado.

Cuando usted se relaja más y desarrolla una vía de pensamiento que es útil, puede mantenerse concentrado más fácilmente e identificar con mayor claridad los pasos que necesita dar.

Creo armonía en mi vida

Usted puede manejar el cambio

Hoy en día están cambiando muchas cosas, nada permanece igual. Puede parecer muy aterrador cuando lo que se da por supuesto empieza a volverse incierto: desaparecen repentinamente trabajos que creíamos que eran para toda la vida, se rompen relaciones que supusimos para siempre. Hemos dado tanta importancia a las estructuras externas que, cuando se desmoronan o cuando la gente no está a la altura de lo que esperábamos, nos sentimos perdidos.

Mientras sí podemos hacer nuestra parte, no podemos cambiar a los demás. Si nuestro bienestar y felicidad depende de todo lo que queremos que suceda y de cuándo queremos que suceda, y toda la gente también piensa así, continuamente nos sentiremos frustrados. Esto sucede cuando las personas involucradas forman parte tanto de una gran organización con sus propias prioridades como de una gran familia. Esto no debería impedirle ser sincero con lo que usted quiere.

Si está iniciando cambios, use su intuición para aclarar y definir exactamente lo que quiere. Anote sus metas para asegurar que sus pensamientos son provechosos, y esté preparado para tomar más adelante la acción adecuada, que podría ser perseverar hasta lograr los cambios que desea. Puede dar los pasos que correspondan para mantener bajos sus niveles de estrés y comprobar que su vida permanece en equilibrio. Esto le resultará estimulante y le ayudará a hacer los cambios que quiere.

Si sus cambios afectan a otras personas, recuerde que puede sentirse mejor si ellos están involucrados en ese proceso. Si los cambios no son deseados, por ejemplo en el trabajo, puede ayudar a los demás manteniéndose tranquilo y calmándoles. Céntrese en las oportunidades que el cambio ofrecerá a las personas.

Pasará por una crisis

Lo más probable es que se sienta fuera de control y temeroso cuando los cambios se llevan a cabo y le afecten; cuando son inesperados e indeseados, usted entra en una situación de crisis. Tal vez su trabajo o una relación importante que creía seguros han dejado de serlo. Usted no está sólo haciendo frente a una situación que no es de su elección y que no desea, sino que tiene que dejar algo que quería, que amaba. Todo esto le parecerá chocante y le afectará de diversas maneras. Sentir que pasa por una crisis no es en absoluto inusual hoy en día. Es una experiencia por la que muchos pueden pasar o ya han pasado. El énfasis está en el pasar por. No debe sentir que la provocará, sino que le llegará.

Por lo tanto es importante saber que usted tiene estos sentimientos. Resérvese un rato propio para dejar sentir su enfado y su tristeza. También puede hacer algo físico, como caminar vigorosamente, nadar o jugar al tenis. Esto le ayudará a calmar sus emociones liberando la tensión física contenida. Además necesitará pasar por aquello que le está causando dolor, lo que significa dejar de culparse. Tratar las emociones diariamente puede ayudarle a integrarlas.

Cuando pasa por una época de trastorno emocional, es importante que note que puede distraerse a medida que su mente vuelve constantemente al problema. Por eso procure evitar cualquier mínimo contratiempo cuando esté hirviendo la tetera o cruzando la calle. Tenga cuidado de no perder billetes o documentos, cuando esté ordenando cosas. Una pequeña atención extra es necesaria en todo momento. Tenga un especial cuidado de sí mismo durante un rato.

Cuide de sí mismo y acepte ayuda durante una crisis. Físicamente debe sentirse mal: insomne, enfermo, incapaz de relajarse. Al estar sufriendo un choque emocional, su mente puede sumirse en un caos total, intentando descubrir qué va bien y qué va mal. Puede sentir dolor emocional sin una aparentemente resolución o aceptar la situación. Reconozca que ahora necesita consuelo y deje que amigos y familiares le apoyen. Pida apoyo, encuentre un camino hacia delante. Dentro de usted hay coraje. Permita que surja para ayudarle.

*Me mantengo equilibrado incluso
cuando las cosas cambian*

Aproveche el cambio y la crisis para crear oportunidades

La palabra clave para una época de crisis es concentración. Concentración y reconcentración en aquello que es importante para usted. Mire cada día qué puede hacer que le aporte alegría. Puede ser algo sencillo como dar un paseo, hablar por teléfono con un amigo que le apoye, tomar un baño relajante. ¡Hágalo! También de un modo determinante y valeroso concéntrese en aquello que es realmente importante y que sea acorde con sus propósitos. Preste atención a su intuición y déjese llevar por ella.

A medida que recupere su autoestima, vuelva a sentir su propia valía y disminuya su miedo, empiece a darse cuenta de las oportunidades que subyacen incluso en su situación actual. Cuando sentimos los cambios que se nos imponen, podemos ser muy resistentes. Ciertamente necesitamos tomar medidas para asegurarnos que no estamos siendo forzados a hacer algo que va en contra de nuestro interés, pero siempre es útil buscar cualquier oportunidad que este cambio pueda aportar.

Aunque al principio pueda parecerle improbable, el hecho de estar abierto a la posibilidad de que el cambio sea capaz de mejorar las cosas en vez de empeorarlas puede llevarle a acabar con más de lo que había previsto antes. Por ejemplo, a usted le pueden haber despedido por reducción de plantilla pero tal vez ya no tendrá que hacer un trabajo que detesta. Puede tener dificultades en este momento con sus derechos como individuo, consumidor, inquilino o empleado. Sin embargo puede acabar con más derechos de los que tenía previamente. A partir del reconocimiento de su potencial, puede empezar a valorar cómo quiere que funcionen las cosas. ¿Qué quiere hacer realmente por sí mismo con respecto, por ejemplo, al trabajo que le gustaría hacer, a cómo desea ser tratado? Empiece a imaginarlo mentalmente. ¿Cómo puede propiciar oportunidades? Introduzca pensamientos positivos y empiece a relajarse prestando atención a su intuición.

Los cambios pueden ser para mejor, pueden abrirse toda clase de nuevas y excitantes posibilidades: gente nueva, nuevos y mejores modos de hacer cosas, con mayor felicidad y mayor sentimiento de realización. Podrá recordar cambios que se vio forzado a hacer y luego darse cuenta de que fueron para mejor. Por ejemplo, una mujer fue obligada por su socio a dejar su trabajo en la empresa. Aunque al principio fue muy desagradable y sintió que no había nada que pudiera hacer, esto se convirtió en un estímulo y pudo instalar su propio negocio con gran éxito.

Desde el punto de vista de una alta autoestima, concéntrese en el mejor resultado posible, aquel que le brindará alegría y es acorde con sus propósitos; busque ventajas a corto y largo plazo. Relájese y tome nota de los pasos que estas mismas le sugieran dar y que pueda poner en práctica de inmediato.

Me concentro para reconocer oportunidades

Puede crear más tiempo

¿Tiene todo el tiempo de su vida o siente que no dispone del suficiente para vivirla? Se queja de que no tiene tiempo suficiente. En gran parte ésta parece ser nuestra manera de vivir hoy en día y casi todo el mundo se siente estresado y bajo presión. ¿Cuántas veces ha oído decir, o se ha dicho a sí mismo, «No tengo bastante tiempo»? Cuanto más se concentre en ello y más lo repita, más real se volverá. A menudo nos ponemos tensos, nos coge pánico y logramos menos resultados que si fuéramos hacia las cosas con calma y de manera relajada. ¡Por ello dígase que realmente tiene suficiente tiempo!

Incluso en un trabajo muy agitado no nos preguntamos qué queremos lograr. Muchos sistemas de organización del tiempo no funcionan simplemente porque la gente está desconectada de su intuición sobre aquello que puede ser mejor para ellos en cualquier momento. Sienta que dispone de poco tiempo para que esto le ayude a establecer prioridades. Vea cómo puede reorganizar su tiempo y completar así sus prioridades y reconocer las que podría cambiar. A medida que escuche a su intuición, surgirán a menudo pequeños incisos sobre los mejores modos de lograr las cosas. Incluso un corto espacio de tiempo empleado para sí mismo, sea en su lugar de trabajo o en su casa, puede ahorrarle mucho esfuerzo, frustración, tiempo y dinero. Puede usar su intuición para tener una visión global de la situación o de la tarea y decidir los pasos a dar.

Quizás se diga: «¿Cómo puedo estar tranquilo y relajado cuando hay tanto que hacer?» Si se detiene un momento, se dará cuenta de que sus logros serán inferiores si está en tensión y es presa del pánico. A veces el tomarse un respiro es justamente necesario y deseable. También sabrá que cuando se encuentra absorto en algo que le gusta y que captura su imaginación, deja de pensar en el tiempo; a veces se le pasan las horas sin darse cuenta o le parece que ha conseguido grandes logros en un tiempo sorprendentemente breve. Si es presa del pánico cuando se encuentra con gente en el trabajo en su casa, todo el mundo se pone tenso y nervioso. Se logran menos resultados, se cometen más errores y se genera una gran hostilidad. Si se encontrara en esta situación, trate de calmarse y de centrarse; no sólo conseguirá más resultados sino que la atmósfera general mejorará.

Piense en las veces en las que ha tenido que ocuparse de cosas que parecían urgentes para otras personas, o en las que ha tenido que charlar con amigos o colegas en momentos en los que usted tenía realmente otra cosa que hacer, bien en su casa o en el trabajo. Compare esto con las veces en que usted ha sabido qué era lo más importante que quería hacer o terminar, se ha concentrado en ello y lo ha acabado, sin permitirse la menor distracción. Se dará cuenta de lo satisfactorio que esto puede ser.

Al ser usted especial, un ser único con sus propias necesidades y deseos, el buen empleo de su tiempo dependerá del uso que haga de su intuición para identificar aquello que es importante que lleve a cabo. Pienso sólo esto: si emplea su tiempo en lo que es mejor para usted, todo cambiará rápidamente para mejor. Puede hacer esto por sí mismo prestando atención a su intuición antes de fijar objetivos y actuar.

A medida que me relajo y me
centro, logro más cosas

Objetivos personales

Controlar el estrés

1. Empiece algunos minutos, día sí día no, para relajarse conscientemente. Lo indicado es hacerlo en un momento tranquilo de la jornada, incluso durante unos pocos minutos. Tome nota del día y la hora de sus relajaciones y de sus ratos de tranquilidad de manera que pueda controlar cualquier reducción de su nivel de estrés.
2. ¡Aparte las emociones! Anote sus sentimientos y luego despréndase de culpas, propias y ajenas, de manera que pueda usar toda la energía disponible para avanzar en su autoestima. El ejercicio físico puede ayudarle a integrar sentimientos incómodos.
3. Aunque haya hablado con otras personas sobre su situación, trate de anotarlo sin dejarse dominar por la emoción, observándolo objetivamente, más como una mera situación que como una crisis perturbadora.
4. Relájese y esté atento a su intuición. Sea consciente de sus corazonadas acerca de los pasos que debe dar para mejorar esa situación que le resulta particularmente estresante. Si ha estado distraído, ponga ahora toda su atención en lo que es importante para usted. Esto empezará a animarle, aumentado su autoestima y su nivel de energía.

Equilibrar el estilo de vida.

1. Fíjese en el equilibrio global de su vida, si, por ejemplo, los diferentes ámbitos como casa, amigos, trabajo, jardín o tiempo para sí mismo son lo que le gustaría que fueran. Anote cualquier mejora que quiera incorporar.

2. Mire alguna medida práctica que necesite tomar sobre cada uno de esos aspectos. Anote cuáles son y cuándo los llevará a cabo.

3. Cuando quiera concentrarse con más detalle en un ámbito de su vida, anote sus objetivos para fijarlos en un marco temporal, tal vez el próximo año. Luego descompóngalos en objetivos a medio plazo de, digamos, seis meses, objetivos a más corto plazo, de tres meses, y también sus propósitos para el próximo mes. Anótelos y ponga en su sitio las medidas prácticas que necesita tomar, incluyendo sus pensamientos más positivos de autoestima.

Controlar el cambio

1. Haciendo uso de su intuición, haga un esquema del cambio que quiere o necesita hacer y luego anótelo como un objetivo.

2. Escriba los sentimientos que le produce hacer ese cambio, por ejemplo, miedo o excitación.

3. ¿Cuál es su pensamiento más positivo acerca de esta situación?

4. ¿Quién le apoyará durante este cambio y quién se beneficiará de su apoyo?

5. Si éste es un cambio profundo en curso, ¿cómo podrá manejar el estrés y mantener en equilibrio su estilo de vida? Anótelo.

6. Use su intuición y defina las medidas que necesita tomar.

Sobrellevar el cambio para crear oportunidades

Haga este ejercicio desde una perspectiva relajada prestando atención a su intuición.

1. ¿Puede encontrar algunos aspectos positivos en una situación de cambio, alguna manera por la que éste le está beneficiando? Anótelos aquí.
2. ¿Hay alguna manera de que pueda usar la situación para crearle oportunidades? ¿Qué medidas puede tomar? Anótelas aquí y mire cuándo podría tomarlas.
3. Cuando se relaje, vea si puede traer a su mente una perspectiva general de la situación, anotando si hay algo más que podría ayudarle a conocer o a hacer. Sea consciente de que la respuesta puede llegarle ahora o más tarde.

El mejor uso de su tiempo

Primero entre en un estado de relajación y manténgase abierto a cualquier corazonada de su intuición sobre lo que quiere lograr.

1. Cuando haga planes, mire lo que quiere conseguir a corto y a largo plazo, distribuyéndolo en periodos manejables. Establezca el orden en que debe actuar y revise de vez en cuando sus prioridades.
2. Con respecto a lo que tiene planeado hacer mañana, relájese, contacto con su intuición y determine si ése supone el mejor uso de su tiempo. ¿Está haciendo lo que es importante para usted? Haga los ajustes necesarios.

Relajaciones

Deje que se vaya el estrés

Colóquese en una posición relajada y cómoda. Imagine mentalmente cómo todo el estrés y la tensión abandonan su cuerpo y se disuelven de manera que su energía está ahora tranquila y fluye. Imagínese con una apariencia tranquila, centrado y revitalizado. Recuérdese que es lo suficientemente fuerte como para asumir cualquier reto. Escuche a su intuición sobre lo que ésta le podría ayudar a hacer. Esté abierto a cualquier respuesta que le venga de dentro, de su intuición. Puede oírlas ahora o más tarde. Anótelas.

Cambio y oportunidad.

Después del proceso de relajación general, relájese un poco más e imagínese con buen aspecto y seguro. Contemple el cambio que desea o véase manejando con soltura un cambio al que se esté enfrentando. Imagínese tomando las medidas necesarias para moverse a través del mismo hacia un resultado beneficioso. Relájese un poco más –sueñe despierto– e imagine un resultado maravilloso. Tómese su tiempo. Cuando esté preparado, abra los ojos suavemente y anote cualquier idea que haya tenido mientras se relajaba.

TERCERA PARTE

Su individualidad

6. Reconozca su individualidad

Crea en sí mismo

Posiblemente ya habrá sospechado que usted puede ser su mejor amigo o su peor enemigo. En otras palabras, su mayor enemigo es la duda y su mejor amigo es la confianza en sí mismo. ¿Puede usted creer lo mejor de sí: que es capaz de dar lo mejor y que merece recibir lo mejor? ¿Cree que puede hacer lo que es importante para usted?

El factor decisivo para querer o poder conseguir algo es la confianza en uno mismo. En uno de nuestros programas había un hombre que sabía que tenía el talento y las aptitudes para hacer un trabajo que le realizara más que el que estaba haciendo, ¡sin embargo en las entrevistas solía decir: «Gracias, pero no» o «¡Fantástico, pero no en este momento!» Esto ocurrió hasta que finalmente aumentó su propia confianza en sí mismo. No fue sólo una apariencia externa de confianza, sino una verdadera creencia interior que le llevó a realizar lo que realmente deseaba.

¿Cree en sí mismo lo suficiente como para hacer lo que en realidad desea hacer? Si de veras quiere conseguir algo, además de dar los pasos adecuados, debe igualmente alcanzar un nivel de confianza en sí mismo, en lugar de esperar lo peor y, como resultado, sentirse muy temeroso. Deje de criticarse y, en lo que pueda, sea amable consigo mismo. Deje los pensamientos de preocupación y estrés. Usted es único. Lo que es correcto para otro no lo es necesariamente para usted. Por lo tanto escúchese, explíquese pensamientos positivos durante el día y lleve y lleve a cabo las acciones necesarias. Esto le ayudará a sostener su autoconfianza.

Creo en mí mismo

Sean cuales fueren las circunstancias en las que en este mismo momento se encuentre como individuo, comience con la autovaloración. Puede suceder que necesite valorarse más a sí mismo para progresar con el trabajo que quiere hacer. Puede ser que una relación que usted creía sólida ha cambiado o un empleo que creía seguro ha desaparecido. Esto no significa que usted no sea de gran valor: lo es. Es fácil sentirse desesperado y desanimado en tales circunstancias, pero esto no ayuda. Para ir más allá necesita sentir una autovaloración que incondicionalmente siempre esté allí. Esta autovaloración sólo puede ser aumentada por usted. Ninguna otra persona puede hacerlo en su lugar.

Valorarse a sí mismo intencionadamente es conveniente, especialmente si siente que una falta de autovaloración le está frenando o que otra mayor le ayudaría a avanzar. Esto puede consistir en hacer más de lo que realmente le es adecuado o en pedir el dinero adicional que sabe que merece por el trabajo que realiza. Dése cuenta de cuán valioso e importante es usted. Tiene muchas virtudes únicas, algunas buenas características y habilidades. Habrá desarrollado cualidades provechosas y aprendido mucho. Es importante recordar y retener el hecho de que todos estos aspectos que forman su autovaloración siempre están ahí. De hecho, pueden incluso haber sido aumentados por la adversidad. El poner a las circunstancias en tela de juicio le hace a usted ser más, no menos.

Me valoro en todo momento

Saque el mejor partido de sí mismo

¡Nunca es demasiado tarde ni demasiado pronto para convertirse en la persona que quiere ser! Sin embargo, necesita preparar y arreglar las circunstancias para permitir que esto suceda. Esto implicará modificar sus pensamientos y actitudes. Puede significar, por ejemplo, aprender a hacer presentaciones y superar su miedo a hablar en público. Porque una gran parte de la expresión de su singularidad será a través del trabajo que elige realizar y usted necesita practicar, aprender y conseguir la experiencia necesaria.

En cualquier ámbito de su vida en el que quiera cambios o mejoras necesita modificar sus creencias interiores sobre sí mismo y sobre lo que es posible. Esto cambiará su propia imagen tal y como la proyecte a los demás. También necesitará dar algunos pasos, que pueden ser estimulados por su intuición. En un primer momento éstos parecerán más bien deliberados que «naturales», pero demostrarán ser acciones adecuadas a los cambios que quiere llevar a cabo.

Decidir que usted progresa para convertirse en la persona que quiere ser significa abandonar las viejas costumbres, las antiguas maneras de pensar, especialmente sobre sí mismo. Cuando se sorprenda pensando negativamente de usted, cambie ese pensamiento. Introduzca más ideas positivas, diciéndose que puede cumplir algo, que sabe lo que quiere, que ha alcanzado un buen resultado. Cuando usted se siente seguro es más fácil tomar las medidas más adecuadas.

Usted es único y especial

¿Cuánto se respeta y se valora realmente? ¿Es consciente de cuánto tiende a menospreciarse? En esta era bulliciosa e informatizada es fácil sentir poco importante, no reconocido como individuo, especialmente si forma parte de una gran organización o familia. Usted tiene muchas características, cualidades y habilidades que son únicas. La verdad es que usted es muy valioso como ser humano individual. No necesita compararse con los demás: ser sincero consigo mismo es la mejor manera de vivir. Usted es importante. Lo que necesita y desea es importante. Recuerde siempre que es especial.

El desarrollo de la autoestima se basa en la valoración de uno mismo. Significa ser amable consigo mismo y respetarse. No estamos hablando aquí sobre trucos de confianza para intentar embaucar a los demás cuando se sienta mal interiormente, ni consejos para causar una impresión «correcta» cuando usted no es sincero consigo mismo. La verdadera autoestima consiste en valorarse y respetarse a un nivel profundo, y la mayoría de la gente necesita aprender a hacerlo. Otro aspecto de la autoestima es aprender a usar y confiar en la propia intuición, cuyos presentimientos le guiarán hacia lo que le es más adecuado. Con una elevada autoestima, lo que usted quiere hacer con su vida es importante, cómo gasta a diario su tiempo y energía es importante. Usted se toma tiempo para descubrir qué quiere conseguir. Toma las medidas adecuadas para usted y quiere tratarse bien.

Usted tiene muchas habilidades, muchas maneras de pensar y hacer las cosas. La combinación exacta es lo que le hace especial. Esto hace inútil la comparación de uno mismo con los demás. No puede decir que ellos son mejores que usted o viceversa. ¡Nadie podrá ser nunca un usted mejor que usted mismo! Hay muchos ejemplos de gente realmente competente y capaz que todavía carece de confianza en sí misma y autovaloración. Incluso cuando usted sabe que es capaz de hacer algo, necesita de la autoestima para poder seguir adelante y perseverar con lo que es importante para avanzar. Hay un número relativamente pequeño de personas brillantes y de personas realmente estúpidas; hay una gran cantidad de gente con un nivel similar de capacidad aunque con diferentes logros y niveles de éxito. La mayoría de la gente puede aprender a tener éxito en una o más de estos aspectos, depende del grado de interés y del nivel de creencia y valoración de uno mismo. En nuestros programas vemos una y otra vez que la confianza y la autoestima son el factor decisivo para el éxito, tanto al comenzar colocándose en el primer puesto como en perseverar en lo que es necesario hacer.

Una vez crea suficientemente en sí mismo para saber tener éxito, necesitará añadir la autovaloración. Es importante valorarse lo suficiente para dar los pasos adecuados, pensando que es útil para usted, tan bueno como una medida práctica que le garantice poder conseguir el éxito que busca. Usted ya es una persona importante y valiosa. Valórese lo suficiente como para hacer algunos reajustes en su modo de pensar y comportarse que puedan ser beneficiosos para su desarrollo y para el éxito.

Usted tiene interiormente un profundo deseo de realizar su potencial, que es único. Esto es una parte importante de la autoestima. Nunca podrá sentir plena autoestima o felicidad a menos que escuche a su intuición para conocer lo que quiere y puede hacer. Usted lleva dentro el potencial para lograr algo especial en su vida. Tiene la habilidad de expresar plenamente ese ser humano individual que es.

¡Qué oportunidad de ser usted mismo, de permitirse lo mejor! Piense que nunca habrá nadie como usted, que es absolutamente único y especial.

Siempre me recuerdo que
soy especial

Objetivos personales

Crea en usted y valórese

1. Anote tres maneras con las que sienta que su vida podría ser diferente si creyera plenamente en usted.
2. Anote tres nuevas metas que le gustaría alcanzar y las medidas prácticas que necesita tomar. Recuerde que puede continuar desarrollando cualquiera de sus ideas en su cuaderno.
3. ¿Cuáles son las tres nuevas maneras que le gustaría elegir para comportarse?
4. Describa una situación que signifique un desafío, en la que necesite recordarse cuál es su verdadero valor. Este verdadero valor incluye sus cualidades y habilidades, particularmente aquellas cosas que son especiales para usted. Anótelas y acuérdese de ellas.
5. Añadiendo autovaloración, ¿qué haría y mejoraría en su vida? Describa los pasos que necesitaría dar.

Relajación

Reforzar la creencia y la valoración de una mismo

Siéntese o acuéstese en una posición cómoda donde no vaya a ser molestado. Respire profundamente un par de veces y permita que la relajación fluya por todo su cuerpo. A medida que se relaje, deje que se disipen las dudas sobre sí mismo. Introduzca un sentimiento de autoconfianza. ¿Qué podría sentir? Note lo bien que se podría sentir consigo mismo, confiar en que es capaz de manejar cualquier situación. Una parte importante de la valoración de uno mismo es escucharse, oír esa parte suya, su intuición, que le enseña lo que es mejor para usted como un ser humano único. Esta conexión puede sentirse con fuerza cuando se relaja y se siente en contacto consigo mismo. ¿Tiene algún presentimiento sobre lo que es importante tener y hacer en su propia vida? Recuerde qué podría sentir para estar tan relajado y seguro. Entonces, si empieza a sentirse tenso, puede recordarse durante todo el día «¡Creo en mí mismo!», «¡Tengo un gran valor!»

CUARTA PARTE

Autoestima y relaciones

7. Relacionarse con los demás

Mucho antes de coger este libro ya sabía que sentirse feliz o preocupado por sus relaciones con los demás afecta a su autoestima, tal vez más que otra cosa. Cuando todo va bien en sus relaciones –personales, sociales y laborales– tiende a sentirse a gusto y su autoestima aumenta. Sin embargo, cuando tiene problemas o desafíos en uno o más de estos ámbitos, puede sentirse desgraciado y su autoestima será baja. Prácticamente cada aspecto de su vida le obliga a contar con otras personas, así que cada día se establece una conexión con su autoestima. En resumen, nuestras relaciones –particularmente aquellas que nos son más cercanas– son un medio tanto para la mayor alegría como para el mayor dolor. Es natural tener relaciones estrechas e íntimas con los demás. Siempre nos sentimos mejor cuando las tenemos, ¡y la vida no es mucho más divertida cuando no!

Así que tanto si usted está casado, separado, divorciado, soltero, es una persona con niños pequeños o hijos crecidos, o una persona joven que empieza en la vida, el uso de la autoestima es esencial para desarrollar relaciones de amor y alegría.

Toda su vida implica relaciones, primero con usted y después con otras personas como miembros de su familia, padres, su pareja, hijos, con sus amigos, colegas, clientes, vecinos, gente que frecuenta las tiendas del barrio, aquellos que encuentra en actividades sociales o deportivas. Usted tiene muchas cosas especiales que ofrecer en sus relaciones con las otras personas. Sin embargo es importante tener ante todo una buena relación consigo mismo, manteniendo alta su autoestima y confiando en su intuición. Entonces podrá saber qué es lo apropiado para usted. Es importante saber qué es correcto para usted en cualquier momento y qué es lo que mejor se le ajusta.

Mi elevada autoestima me dirige a
relaciones que me satisfacen

Manejar el cambio en las relaciones

¿Está afrontando una relación en proceso de cambio? Muchas relaciones están cambiando en estos momentos: matrimonios y amistades estrechas que la gente creía duraderos fracasan o se transforman. Parece que hay más gente que abandona algunas relaciones, incluido el matrimonio, a veces para meterse de lleno en otra y a veces para estar solo. Usted puede sentirse deprimido y desalentado como consecuencia de una ruptura matrimonial o por dificultades en una relación. Si está en esta situación, sepa que, si bien ahora parece terrible, después se sentirá mejor. Hay un montón de cosas que puede hacer para ayudarse.

Puede notar que se adentra en una crisis, sintiéndose o insensible a la preocupación o muy enfadado y lloroso. Éste es el estado para afrontar las cosas, para sentirse tan relajado como pueda estarlo cada día. Vuelva a creer en sí mismo. Recuérdese que las cosas están yendo a mejor, a pesar de que ahora parece terrible. Usted se fortalece a medida que pasan los días. Éste es el momento de los amigos que le apoyan y de hacer algún ejercicio de autoestima consigo mismo o con un amigo. Necesita algo y alguien que precisamente no aumenten su preocupación. Usted no necesita que la gente esté siempre de acuerdo con usted sobre, por ejemplo, lo terrible que es una situación o una persona.

La idea de culpar a los demás es tentadora. Sin embargo, con esto no logra nada y le causa tanto malestar como dolor. Apartarse de las miserias de la culpa es un proceso que usted puede iniciar y acelerar. Porque usted encontrará que el proceso de abandonar la culpa es una de las cosas más importantes y provechosas que una persona puede aprender. Véalo a continuación:

- Primero dígase la verdad: que se siente herido en su relación con esa persona.
- Después, y lo mejor es hacerlo por sí mismo, anote todas las cosas que sienta que esa persona ha hecho y dicho que le han herido. Expúlselas. Diga cómo se ha sentido o se siente por lo que pasó, si está enfadado, triste o asustado. Continúe respirando de una manera relajada.
- Ahora necesita apelar a su valor para poder ayudarse. La pregunta es: «¿Desea dejar de culpar a la otra persona? ¿Para así poder dejar su resentimiento hacia ella?» El hecho de culpar es lo que le mantiene atado y vinculado a esa persona; si quiere serenidad, no la logrará hasta que cese de culpar. Lo que usted necesita es al menos la buena voluntad para dejar de culpar. Dígase que ahora está preparado para ello, abandone su resentimiento y recupere así su energía y atención para centrarse más plenamente en su vida y en sí mismo. ¡Mientras insista en la venganza, nunca habrá paz en su mente! Debe proponerse toda una declaración de intenciones: «Ahora me libero de cul-

par a esta persona, ahora estoy en paz respecto a mi relación con...»

- Necesitará hacer diariamente esta última parte del proceso durante varios días, dejando pasar las ofensas de los demás tal y como vengan a su mente, sintiéndose cada día más ligero y feliz a medida que lo vaya haciendo. Vea o no regularmente a esa persona, el proceso funcionará y necesita hacerlo para liberarle a usted.

- Si están en una relación continuada, podría tratar de comunicar sus sentimientos y necesidades, deseos y expectativas. Lo hará de una manera más clara y efectiva si primero empieza a dejar de tomarse tan a pecho las ofensas. Sea amable consigo mismo, haga cosas con las que disfruta. En lo posible, sea también amable con la otra persona involucrada. Dejar de culpar le ayudará a liberar su energía, emociones y atención. Trabaje la autoestima y ponga su atención en lo que es importante para usted.

Empiezo a avanzar y a moverme a
través de esta experiencia

Usted puede sobrevivir a la separación

Cuando se separa de una persona, se necesita algún tiempo para la total recuperación. Mientras tanto y aun reconociendo siempre sus sentimientos, permita, lo mejor que pueda, que le consuelen, después céntrese y concéntrese en sí mismo y en lo que es importante para usted, lo que quiere conseguir. Ponga alguna atención en los aspectos que pueda haber desatendido –amigos, familia, el cuidado de su cuerpo– y cambie su entorno. Escápese, si no es posible con unas vacaciones completas, al menos durante un fin de semana o un día.

Es mejor que se mantenga separado y evite el contacto mientras se sienta vulnerable porque puede no obtener las respuestas y el consuelo que quiere. Necesita estar preparado para un «sí» o un «no» de esta persona. Si esto no es posible, porque no puede arreglarlo con respecto a los hijos, intente entonces reducir al mínimo el contacto.

Cuando está pasando una época emocionalmente difícil, el apoyo de los amigos es primordial. Téngalos cerca de usted para las cuestiones prácticas, por ejemplo ayudarle a mudarse, a hacerle las cosas más fáciles. Lo que no quiere decir que no pase también por momentos dolorosos, porque sucederá. Esto es más beneficioso que notar a largo plazo los efectos de intentar mantener reprimidos los sentimientos o suprimirlos del todo.

Cuando se separa de alguien con quien ha estado viviendo, que ha sido una parte de su vida cotidiana durante algún tiempo, por más dura que haya sido la ruptura, seguro que siente un vacío. Usted no puede planear lo que sucederá o incluso lo que quiere que suceda. Es un proceso de adaptación en el que sus pensamientos y sentimientos confundidos se estabilizan. Por lo tanto concéntrese en sí mismo y en su trabajo, cuídese, esté con amigo y familia, siéntase reconfortado. No niegue el dolor emocional, aunque no lo haga continuamente. Sobre todo encuentre un hueco para un momento diario de tranquilidad. Escuche a su propia intuición para que ésta le oriente y le apoye. Recuerde preguntar y estar abierto a esa ayuda y así vendrá. Limítese a escuchar. Anótelo y actúe en consecuencia.

Cuando se sienta deprimido o tenga remordimientos y se acuerde cosas que quería hacer juntos, por ejemplo viajes, vacaciones, trabajo, o del hermoso lugar que debe dejar porque ya no es su casa, tenga valor. Escuche a su intuición sobre lo que es mejor ahora para usted. No se engañe a sí mismo sobre los ocasionales buenos momentos que maquillar la rutina diaria de una relación que no funciona. Ahora puede empezar a liberarse.

Ahora soy libre para avanzar en mi vida

Moverse en la soledad

Actualmente mucha gente se siente sola. A veces nos sentimos aislados, triste, desconectados, haya o no personas en nuestras vidas. Cuando siente que no hay gente o una persona con la que poder ser abierto y honesto, se encuentra aislado, incluso aunque haya varias personas a su alrededor. A veces hacemos todo tipo de cosas para evitar tener que admitir «Sí, me siento solo». En cambio, a menudo dormimos durante horas, salimos por cosas que realmente no nos interesa, miramos la televisión noche tras noche, gastamos el tiempo con personas no porque nos guste estar con ellas, sino porque odiamos estar solos. Tener gente alrededor y estar con gente no siempre le hace sentirse a uno menos solo. Muy a menudo se siente peor si ha estado utilizando a los niños, un cónyuge o un amante para llenar un vacío. Cuando reconocemos que nos sentimos solos o que tememos sentirnos solo, esto empieza a alejar el sentimiento desagradable.

Una vez se dé cuenta de que se siente solo, el primer paso será preguntarse si hay algo que pueda darse que le aporte alegría o comodidad, por ejemplo más tiempo para relajarse o algo que pueda mejorar su cuerpo. Escuche a su intuición. Compruebe si hay algo importante respecto a su vida que necesite hacer. ¿Ha captado cuchicheos, insinuaciones o ideas de sí mismo que tal vez haya estado ignorando? No olvide nunca que usted es especial y que su vida es preciosa. Lo que usted quiere es importante. Averigüe qué es. Ponga su atención en usted. Esto no le hará egoísta y evitará que siempre intente llamar la atención de los demás para llenar su propio vacío.

Al tiempo que cuida su propia energía puede ver hasta qué punto se extiende con respecto a los demás. Por ejemplo, si quiere más cordialidad, apoyo y compañía, vea dónde puede usted darse esto a sí mismo y entonces puede buscar un modo de propagarlo a los demás. Vea dónde puede alargar la mano y hacer nuevos amigos, así como consolidar amistades ya establecidas. Recuerde, cuanto más disfrute de su propia compañía, ¡más disfrutarán los demás!

Cuando preferiría estar enamorado

¡Así que está afligido! Aunque el objeto de su amor no parece estarlo, al menos por usted. La desesperación surge y la autoestima baja repentinamente, así que ¿qué hacer? Cuando usted envía su amor y atención a una persona y éstos no retornan, no se lo tome como algo personal: pueden estar temerosos, confundidos o tal vez ¡casados con otra persona! Relájese y felicítese por tener unos sentimientos tan apasionados –y que provienen de usted–. Al estar abierto, usted se abre a sí mismo a esta relación o a otra incluso mejor. Disfrute sintiendo esos sentimientos y comunicándolos si lo considera adecuado, usted los siente esté su «amado» o no. Cuando los sienta plenamente, recuérdese que usted es la persona más importante de su vida y recupere toda su energía. Concéntrese en sí mismo, en su vida y en lo que es importante y agradable para usted. Asegúrese de que disfruta estando con otras personas. Por difícil que pueda parecer, simplemente desee alejarse de esa persona. Piense en cambio en sí mismo. Vuelva a involucrarse de nuevo con usted y con su vida. Si deja marchar a esa persona, ésta podría volver a usted o alguien mejor puede aparecer con el tiempo.

Si le resulta oportuno, puede comunicar lo que siente y decir lo que le gustaría. Sin embargo necesita con todo sentirse contento consigo mismo, indiferentemente de la respuesta que obtenga. Recuerde que no es bueno hacer patente su amor y su atención donde no parecen ser apreciados y deseados. Diríjalos más bien hacia donde sean bien recibidos y valorados.

Es hermoso tener una pareja, un amante, una persona especial. Aunque habrá momentos en los que no, momentos en los que es más adecuado que, por ejemplo, esté totalmente concentrado en su trabajo. Puede volcarse en otras fuentes para dar y recibir apoyo y afecto, como amigos, familia y colegas. Siempre es bueno, incluso en una relación más estrecha, tener este equilibrio de intercambio con otras personas; esto aumenta el compromiso de la otra persona de serlo todo para usted y de usted serlo todo para ella. Sin embargo, por muy próximo que esté a la otra persona, usted sigue teniendo un «propósito» a seguir en su vida. Cada persona es responsable de sí misma.

No obstante, si actualmente no está «enamorado», probablemente lo estará deseando, ¡a menos que haya terminado un romance esta semana! Cada uno desea esa alta estima hacia uno mismo, hacia la vida y al hecho de ser amados que conlleva una relación romántica. Nos gusta la intimidad y la diversión. Sin embargo, usted no necesita esperar una nueva «relación romántica», o un cambio de la actual para experimentar este destello. Note el romance en su vida cotidiana con la persona con la que está regular u ocasionalmente. Note lo especial de sus intercambios en comparación con los compañeros del trabajo y con sus vecinos. Todo en la vida se vuelve romántico al experimentar su propia singularidad y lo que las otras personas tienen de especial.

*Ahora permito que mi vida sea
románica*

Tener pensamientos útiles sobre sus relaciones

En el ámbito de las relaciones, como en otros terrenos, le ayudará mucho centrarse en lo que funciona y le gusta hacer. Si continúa pensando y concentrándose en lo que le va mal con una persona, cava vez se parecerá más a eso. Sentir y expresar a menudo estimación supondrá una gran diferencia. Es fácil dejar de expresar aprecio a una persona que nos es cercana. Usted sabe por sí mismo cuánto desea ser apreciado, que le digan lo bien que lo hace o cuánto le quieren. Las otras personas también. ¡Al tomar lo bueno de una persona le da la oportunidad de que se vuelva así, beneficiándole a él y a usted!

Cuando usted quiere mejorar las relaciones y atraer otras nuevas y mejores, es importante ver cómo los pensamientos que tiene sobre usted mismo llegan a esas personas. ¿Anda con pensamientos como: «Siempre me hieren / me dejan / me rechazan», «Las relaciones son agotadoras», «No se puede confiar en las mujeres», «Las mujeres son calculadores y utilizan a los hombres», «Los hombres son poco fiables», «No soy atractivo», «Hombres o mujeres restringen mi libertad o poder», «La gente no me trata con respeto»? Si siente que algunos de estos pensamientos se han convertido en profundas verdades para usted, entonces éstas tenderán a ser sus experiencias. Por ejemplo, una mujer que piensa que «no se puede confiar en los hombres» se tomará como algo personal si un hombre cambia o anula una cita porque en esos momentos ¡está con gripe!

Es más beneficioso tener pensamientos positivos como «Mi relación con los hombres / las mujeres es alegre y estimulante», «Los hombres son fiables y dan apoyo», «Mis relaciones continúan», «Soy una persona atractiva», «Tengo libertad e intimidad en mis relaciones», «La gente me

93

trata con respeto», «Me gusta hacer lo que es mejor para mí». Ahora, con pensamientos como éstos, su experiencia será inevitablemente mejor. Como sucede con todas las creencias profundas, necesitamos recordarnos continuamente que queremos ser así a partir de ahora. Si quiere mejoras en una nueva relación y en aquellas que ya tiene, lo más indicado es que corrija sus pensamientos.

Tener ganas de conocer a gente nueva

Primero debe tomar la decisión de que quiere encontrarse con gente nueva. Necesita estar abierto al encuentro con nuevas personas, hacer nuevos amigos, tal vez encontrar a esa persona especial. ¿Siente que carece de confianza, que le preocupa lo que la gente piense de usted? Entonces haga trabajar su autoestima. Conviértase en la persona que desea ser, por ejemplo, una persona sana, atractiva y de éxito solicitada y querida por la mayoría. ¿Cómo se debería comportar una persona así? No necesita renovar totalmente su imagen, si bien debería probar una nueva apariencia. Si sabe que cosas le sientan bien, llévelas. Empiece su nuevo armario a partir de lo que ya tiene. ¡Asegúrese de que dispone de muchas cosas para ponerse en estos nuevos encuentro sociales!

Al recordarse a sí mismo que es una persona maravillosa, puede salir tranquila y confiadamente y conocer a otras personas, sin sentir que necesita impresionarlas. Puede relajarse y poner su atención en ellas; naturalmente puede tomar la iniciativa si lo cree apropiado, participando en la conversación. Si está tranquilo, la gente encontrará agradable estar con usted. ¡Le gustará incluso más si les escucha con atención!

Ahora me relajo y disfruto siendo
yo mismo

Vea dónde puede tomar la iniciativa con respecto a las otras personas. Es más fácil si tienen un interés en común. Podría necesitar ser usted el que hace las llamadas telefónicas, el que hace sugerencias y saca invitaciones para mantener viva la relación si los otros no pueden por cualquier razón. Pueden tener estrés, estar nerviosos ante el temor de que usted pueda rechazarlos o simplemente pueden estar muy ocupados. Usted debe ser el que intente acercarse a las personas con quien quiera pasar el rato. Al principio empiece con situación que pueda manejar fácilmente, como una invitación para un café o para comer fuera (¡mejor que una cena de cinco platos cocinados por usted!). A medida que se relaje aflorará su sentido natural de la diversión, no una forzada jovialidad. Sea usted mismo. Una actitud calmada, positiva y alegre atraerá a los amigos. No espere que la gente le invite a tomar parte en la «acción», ¡créela usted mismo!

Mantener relaciones estrechas

Todas las relaciones, especialmente las amorosas, requieren un mantenimiento. Necesitan la aceptación de la otra persona y el deleitarse al estar con ella. Necesita un sentimiento de seguridad, ser capaz de compartir metas importantes con el otro y tener la voluntad de comunicarse abiertamente y de manera provechosa. Esto último, comunicarse abiertamente y de manera positiva, es vital para mantener la intimidad.

Me acuerdo de escuchar

Las relaciones en las que el amor perdura son aquellas que mantienen la intimidad, dejando ver a la otra persona lo que usted realmente siente. No deje pasar el tiempo sin comunicarse con su pareja. Poner al día lo que ambos están sintiendo es importante para mantener su relación viva y profunda. Esto hay que combinarlo con la atención en todos los aspectos buenos de su pareja. El resentimiento acaba con el amor. Intente dejar de culpar, juzgar o criticar continuamente lo que debería hacer, en voz alta o mentalmente.

Esto no significa que a veces no deba mostrar su lado vulnerable y admitir que tiene miedo o que está confundido. Si no dice la verdad a la gente, ésta no puede relacionarse con su verdadero yo. Es una cuestión de equilibrio. La gente no quiere oír una y otra vez que usted está, por ejemplo, cansado, nervioso o enfadado.

En una relación íntima querrá que su pareja se preocupe por sus sentimientos, comportándose de un modo adecuado y bueno para usted, dándole apoyo. Se puede hablar de las cosas y mejorarlas para que ambas personas se sientan apoyadas y realizadas.

Objetivos personales

Antes de hacer esta serie de ejercicios podría completar o repetir el proceso de dejar de culpar dado en las páginas 87-88.

Manejar las dificultades en la relación

1. En algún momento, cuando ha reconocido todos sus sentimientos, podría simplemente manifestarlos, escribiéndolos y anotándolos. (Podría completar de nuevo el ejercicio *Libérese de la culpa*, en la página 48.)
2. Cuando experimente un cambio inesperado en una relación, especialmente si no es deseado, prepárese a sí mismo física, mental y emocionalmente para el choque,

porque puede sentirse confundido o aturdido. Anote todo lo que puede hacer por usted en ese momento.

3. Reserve algunos momentos de tranquilidad para sí mismo. ¿Cuál es la única cosa que puede hacer para ayudarle a recuperar su equilibrio?

4. ¿Qué amigos y familiares le darían todo su apoyo en este mismo momento (no la persona con la que tiene un problema)?

5. Ponga intencionadamente su atención en otras cosas, aquellas que son importantes para usted, que le produzcan alegría y le ayuden en su propósito. Haga un listado y máquelas a medida que las consiga.

Pensamientos beneficiosos para las relaciones

1. Anote algunos de sus pensamientos negativos sobre las relaciones.

Ahora cambie estos pensamientos negativos por otros útiles, por ejemplo: «¡Encuentro a hombres que son inteligentes, atractivos y que dan apoyo!», «Las mujeres me escuchan y me dejan elegir lo que quiero hacer», «¡Las relaciones son divertidas!». Siga repitiendo estos pensamientos y concéntrese para sentirlos como si fueran verdad.

2. Cuando se sorprenda a sí mismo pensando o diciendo algo que no sea positivo, ¡cámbielo inmediatamente! Haga un listado de sus nuevos pensamientos.

Qué quiero en una relación

Escriba qué espera realmente de una relación, sin especificar una persona concreta. Esto incluirá algunas de las cualidades que la persona deberá tener: qué quiere usted de su relación con ella, por ejemplo, compartir una casa, hijos; qué quiere usted de sí mismo, independientemente de esa relación, por ejemplo, ver a sus propios amigos, continuar construyendo su carrera.

Relajaciones

Abandonar el miedo

Prosiga con el habitual método de relación. Sienta que los sentimientos de miedo y dolor se diluyen, no intente analizarlos. Sin desarrollar en detalle lo que va a hacer, pida simplemente ayuda, apoyo y orientación; sienta esta conexión con su propia intuición que le ayudará a avanzar con valor.

Una relación maravillosa

Siguiendo los pasos para la relajación, conciba que su vida se vuelve más plena. Escuche a su intuición sobre lo que realmente espera de una relación. Relájese y permítase imaginar qué sería maravilloso para usted. Anótelo.

8. Comunicación, crítica y conflicto

Comunicaciones que sirven de apoyo

La comunicación buena y abierta es importante para mantener cálidas y afectuosas las relaciones. Deje que la gente sepa lo que siente sobre lo que le concierne y le agrada, todo ayuda a mantener estrecha una relación. Cuando quiera discutir un problema con otra persona lo mejor es hacerlo el mismo día en que suceda, no lo deje arrastrar hasta que aparezcan nuevos malentendidos.

La gente tiene diferentes enfoques de la vida. No dé por hecho que vean las cosas desde su punto de vista o que entiendan cómo se siente o qué quiere. Dígalo, aunque no espere que cambien inmediatamente su manera de ver las cosas. Esté preparado para escuchar cómo piensan y sienten. Resuelva cómo puede ayudar a los demás a encontrar una solución, sin obligarles a algo que no quieren hacer.

Aunque no necesita saber exactamente por qué está sintiendo de una manera determinada, es importante que recuerde que no siempre está preocupado por la razón que cree. Muy a menudo las viejas heridas son provocadas por lo que otra persona dice o hace.

Es muy fácil que, cuando se siente herido o desesperado, especialmente con aquellos que le son muy próximos, grite, explote de rabia y diga todo tipo de cosas de las que luego se arrepienta, pero que permanecen en el corazón de la otra persona. Mientras lo más recomendable es integrar las emociones e ir comunicando en el día a día, a veces las cosas se acumulan y una pequeña discusión puede convertirse en una pelea de envergadura. ¡Recurrir al enfado, como ya sabemos, no sirve de nada!

Podría intentar apartar los sentimientos e mociones que usted cree serán dolorosos para no causar una discusión. Cuando hacemos esto nuestros sentimientos no afloran, se mueven dentro de nosotros y cambian, pero permanecen atrapados. Reconozca sus sentimientos, al menos para sí mismo, y éstos se transformarán. A menudo tampoco decimos cómo nos sentimos realmente, actuando sin lealtad: un sentimiento nuestro contra el mundo. Nuestra pareja es nuestro aliado y tememos perder su afecto. Lo que debemos hacer es respetar nuestros sentimientos más íntimos y los de nuestra pareja.

Concéntrese siempre en lo que funciona en su relación, en qué es correcto, qué es bueno o los puntos positivos. Continúe a diario dejando de culparse. Especialmente en una relación íntima, sea amable consigo mismo y con la otra persona.

Proyectar buena voluntad ayuda en la comunicación

La buena voluntad es un elemento esencial en todas nuestras comunicaciones con la gente, especialmente cuando tememos que a la otra persona no le vaya a gustar lo que tenemos que decir. Una de las cosas más importantes que la gente quiere que le muestren es respeto. Cuando se lo mostramos, especialmente si no estamos de acuerdo con ellos o les decimos algo que inicialmente no quieren oír, es más probable que el resultado sea beneficioso.

Si usted está enfadado, lo mejor que puede hacer es integrar esto en lugar de suprimirlo o mostrarlo de una manera totalmente incontrolada. Se sentirá peor por esto que pro no haber dicho nada. A veces podría necesitar pasar por el proceso antes descrito para apartar las ofensas y dejar de culparse (páginas 87-88). En otras ocasiones bastará una corta vuelta a la manzana. Recuerde que el objetivo de la autoestima siempre es encontrar la paz interior, no la fría venganza. Así que, cuando piense en un próximo encuentro, puede marcar la pauta aportando buen voluntad.

Ahora me respeto a mí y a los demás
en todas mis comunicaciones

Si se entromete demasiado puede acabar molestando a los demás. Podría tener que afrontar ataques y no obtendría lo que espera. Sin embargo se sentirá mejor por haber expresado sus sentimientos y deseos. Recuerde tener cierto grado de flexibilidad cuando pida a alguien hacer algo que usted quiere. Su nivel de buena voluntad es importante. Si comunica lo que quiere, siga manifestándolo y no se entretenga. Si está exponiendo lo que siente, asegúrese de controlar sus emociones y sea específico, por ejemplo, «Cuando haces tal cosa me siento...», mejor que, «Me irrita cuando haces tal cosa». Cuando le digan que está armando un escándalo o que tiene una reacción exagerada, puede también defenderse diciendo: «No creo que sea yo. Esto es importante para mí».

Digo claramente lo que es
importante para mí

Si quiere que alguien mejore o cambie, resulta más útil hacer sugerencias o plantear preguntas que no decirle sólo lo que usted quiere que haga. También es importante escuchar sin juzgar cuando una persona está hablando. Si es oportuno, puede indicarle que aprecia que se sienta preocupado. A veces, frente a personas agresivas que todos quieren que se callen, puede ser útil preguntarles: «¿Hay algo más que quieras preguntar?» Esto puede funcionar porque no están acostumbrados a que la gente les quiera escuchar.

Escucho a la gente

A veces no nos comunicamos directa y claramente porque estamos demasiado viciados por nuestra propia necesidad de aprobación, preocupados más sobre lo que los otros piensan y sienten que sobre nuestros propios pensamientos y sentimientos. Nos volvemos incapaces de actuar o hablar por nosotros mismos, incluso cuando es adecuado o esencial para nuestro bienestar que lo hagamos. Recuerde, en la mayoría de los casos no necesita explicar su vida a las otras personas, especialmente cuando no les afecta en modo alguno. Elija lo que sea adecuado para usted. Su elección de peinado, ropa, vacaciones, compañeros, no necesita de explicación alguna, ni importa realmente lo que los demás piensen. Ni debe permitir que los demás utilicen un sentimiento de culpa para manipularle: «Quiero que hagas esto y si no lo haces quiere decir que no me quieres, no eres un buen amigo». Sea su propio juez, pero no en un sentido crítico.

Cuando constantemente anteponemos las opiniones y los sentimientos de los demás a los nuestros, hacemos disminuir nuestra autoestima y nuestra energía. Sabemos en el fondo que no nos estamos haciendo honor a nosotros mismos, que hay algo descentrado en el camino que estamos haciendo. También creemos que los sentimientos y las opiniones de los demás son más importantes que los nuestros. Entonces nos tratan de esa manera y nos quejamos de

que nuestros pensamientos y opiniones no han sido toma-
dos en consideración por los demás.

Usted puede ser muy sincero consigo mismo; sin embargo será mucho más eficaz si, con mucho tacto, también
es sincero con la gente que le rodea. Igualmente a usted no
le corresponde poner en tela de juicio a otras personas y su
comportamiento, ¡por muy extraño que le pueda parecer!

Apruebo mis decisiones

Usted puede manejar las críticas

A menudo la manera de hacer una crítica es tan dañina
como lo que se ha dicho. A veces, a pesar de que la información pueda ser correcta, hubiera sido más indicado
haber hecho algo de manera diferente; es la frialdad, la
cólera o el aparente resentimiento que se comunica lo
que puede ser tan perjudicial.

Piense cómo podría haber manejado las cosas de un
modo diferente y no intente defenderse. Diga cómo se
siente y haga los comentarios pertinentes con las acciones adecuadas. La crítica tiende a alimentar las dudas
sobre uno mismo; mientras no quiera estar ciego a los
cambios que pueden servirnos, necesita volver a una
fuerte confianza en sí mismo.

Cuando afronte la crítica furiosa, especialmente si es
de tipo amenazador, vea ante todo si esa persona es de
por sí colérica, ¡si usted no ha provocado ese enfado,
otro lo habría hecho! Obedezca sus demandas sólo si lo
considera adecuado para usted y no sienta la necesidad
de cambiar su comportamiento para ajustarse a ellas, a
menos que lo quiera. Si se siente muy preocupado, haga
trabajar la autoestima y siéntase lo mejor que pueda;
después podrá decidir más claramente lo que quiere hacer y decir. Sea prudente, ¡especialmente si la persona

enfadada es su jefe! También debe felicitarse cuando las cosas que acostumbraban a preocuparle ya no le hacen mella. No hay necesidad de hablarle furiosamente a la otra persona, simplemente relájese y déjelo. Haga que tales críticas le vuelvan más suave y amable, no más duro y temeroso.

Me apruebo a mí mismo,
especialmente si los otros son
críticos

Cuando se sienta atrapado en una situación

¿Qué hacer si se siente obligado por un cónyuge con mal genio que le proporciona el techo y dinero para vivir? Esto es peliagudo, por no decir más, y, si no puede tolerar la violencia física actual, necesitaría trabajar sobre esa persona y esa situación. Puede mantener alta su autoestima y energía. Todo parece mejor cuando usted se siente bien consigo mismo. Mientras hace todo lo posible para encontrar un modo de vida pacífico, esté abierto a cualquier vía de escape, ahorrando su propio dinero o teniendo a alguien con quien estar.

Es preferible ser independiente financieramente, especialmente para las mujeres, pero no siempre es éste el caso, y para mucha gente con hijos esto significa confiar en los beneficios, tal vez en el dinero de una trabajo de media jornada, y en el apoyo, financiero o de otro tipo, de amigos y familiares.

Busque pequeñas maneras de ser independiente, de poder sentirse libre, de que le puedan agradecer algo por su situación. Céntrese decididamente en esto, aunque sea pequeño, y busque caminos que pueda desarrollar. Empiece haciendo alguna cosa agradable para usted cada día. Respecto al dinero, empiece a ahorrar una pequeña cantidad cada semana, incluso si su presupuesto es muy pequeño, para gastarla en algo que no sea una necesidad, que sea un placer para usted.

Siga abandonando el resentimiento –¡un gran cambio!– y concéntrese en lo que quiere. Continúe cambiando sus pensamientos, deje que sus emociones fluyan y se integren. Adáptelo al momento de relajación. Asimismo ponga atención en la dieta, el ejercicio moderado, el descanso y el aire fresco. Todo esto le fortalecerá. Acuérdese de que su autoestima y un cálido apoyo son lo más importante para usted.

Manejar a personas difíciles

No hay duda de que con el tiempo, uno se va encontrando con gente que es irritable, malhumorada, antipática y bastante desagradable. Se ahorrará un montón de tiempo y energía y esfuerzo si es lo suficientemente fuerte como para no verse ahogado por los argumentos que tales personas plantean. Si alguna vez le hacen una observación negativa o desagradable, en una tienda, por parte de alguno de sus proveedores o de quien sea, simplemente no se preocupe por ello. ¡Incluso si está totalmente de acuerdo con ellos puede quitar importancia al asunto! Si siempre recibe de los demás agresiones y respuestas negativas y furiosas, intente mirar si hay en usted algo que incite a tales reacciones. Sin embargo, si se trata de un desafortunado encuentro casual, simplemente relájese y olvide las actitudes desagradables cuando salga de la tienda o de la oficina.

Recuerde que, cuanto más detestable es una persona, más neurótica es. ¡Si la gente no se respeta a sí misma tampoco respetará a los demás! Puede suceder perfectamente que en algún momento deba tratar con tales personas, gente que incluso es maliciosa y grosera, que intenta delibera-damente causar daño a los demás. Por muy difícil que parezca ante una situación injusta o amenazante, es importante que retire de ella sus emociones y energía para ser capaz de seguir adelante con lo que es realmente importante en su vida. Recuerde, la gente más colérica se vuelve la más desvalida cuando se trata de sentimientos. Asuma que se comportan así a causa de su baja autoestima, de trastornos interiores y de preocupaciones. Para usted el desafío es permanecer equilibrado y natural, aunque capaz de defenderse y proteger sus derechos. Para poder hacer esto de un modo efectivo, necesita centrarse en los hechos, no en las emociones que los rodean.

Así, el primer paso es liberarse de los propios sentimientos de ira, frustración y culpabilidad. El segundo paso es aclarar los hechos. ¿Cuáles son sus auténticos derechos en la situación? Véalo como algo por lo que debe pasar y no como una salida emocional. Si hay distracciones, puede parecer difícil hacerlo. Sin embargo, recuerde que no necesita que le atrapen con argumentos interminables, que incluso pueden no ser importantes para usted. Retire su energía.

Dejo los agravios y hago sitio en mi
vida a las cosas buenas

Los matones son a menudo gente con una baja autoestima que necesitan asustar o intimidar a los demás. Están constantemente tanto a la defensiva como a la ofensiva para ejercer su poder, si bien en realidad están expresando un temor a la existencia. Cuando estos individuos son molestados por alguna razón, se muestran muy desagradables en el trato. Si puede evitarlos, hágalo. No se deje intimidar.

Si se siente cohibido, tal vez por vecinos o en el trabajo, intente ir hacia una autoestima tranquila, aunque se sienta preocupado. Acepte el apoyo de los amigos, la familia o los compañeros. Enfréntese a los hechos de la situación, Perfilando lo que ocurrió y lo que debe hacer ahora. En la medida de lo posible exponga públicamente lo que está sucediendo. Algunas veces podrá unirse a los demás; en otras todo dependerá de usted y necesitará recibir consejos para defender sus derechos.

Sin embargo, pida apoyo personal a sus amigos y tal vez también a aquellos que mandan o que tienen experiencia si se trata de otros temas.

Es esencial que mantenga elevados sus propios pensamientos y permanezca concentrado en lo que es importante para usted. Pero note que hay gente que no comparte necesariamente sus ideales e intenciones. Pueden ser personas maliciosas o simplemente desconsideradas, que no se preocupan por los efectos que su comportamiento tienen en los demás y que están decididos a seguir haciendo lo que les conviene.

Cuando sienta que juzga a los demás, intente dejarlo y centre su atención en usted. Concéntrese en lo que quiere conseguir y lo que puede hacer por usted mismo para ayudarle a sentirse bien. Aprenda a dejar pasar cualquier situación que no parezca armoniosa. Si es una situación social, olvídese de ella cuando abandone el acto. A veces hay que proponerse firmemente arrancar de sí los pensamientos, pero esto resulta excelente y es el único modo de seguir adelante.

Es importante cuidar de uno mismo para continuar con lo que es importante y recuperar la energía. Considere el contratiempo con la otra persona como un fastidio, ni más ni menos. Usted es la persona más importante de su vida. A nivel físico incluya la relajación y asegúrese de que sus pensamientos le apoyan. Anote sus objetivos respecto a lo que es importante para usted. Mire los pasos prácticos que ahora debe dar.

*Ahora me vuelvo a concentrar con el
doble de intensidad en mí mismo y
en lo que es importante para mí*

Objetivos personales

El apoyo de la comunicación

Tenga claro lo que desea comunicar a otra persona y anote su mensaje. Compruebe que ha sido lo más amable posible, tanto hacia la otra persona como hacia usted mismo. Identifique también lo que siente y por qué, así como lo que desearía que la otra persona hiciera, por ejemplo: «Cuando tú... yo siento..., lo que me gustaría que hicieras es...».

Dominar la crítica

1. Observe y anote tres maneras de poder ser, tanto por sus pensamientos como por sus acciones, menos crítico y más agradecido consigo mismo y con los demás.
2. Cuando le hayan criticado, averigüe cómo se siente. Separe ahora de sus emociones los hechos verdaderos de cualquier crítica. Si es posible, mire cómo podría hacer las cosas de modo diferente. Resuma sus comentarios.

Manejar a una persona o una situación difícil

1. Explique cómo se siente con respecto a esa persona o situación.
2. Una vez haya aceptado sus sentimientos, déjelos ir de momento (si continúan teniendo fuerza, revise los

ejercicios de liberación de culpabilidad, página 48).
Describa la situación simplemente así: como una situación.

3. ¿Qué resultado desea obtener?
4. ¿Qué puede hacer por su parte? ¿Cuáles son los pasos que puede dar? ¿Quién puede ayudarle?
5. Una vez haya hecho todo lo posible, vuelva a concentrar la atención en sí mismo. Reflexione sobre aquello que es importante para usted. Resúmalo.

Relajaciones

Proyectar buena voluntad

Relájese. Imagínese que está relajado y sintiendo un cierto bienestar. Envíe de antemano su buena voluntad a cualquier persona o grupo de gente con la que va a comunicarse. Particularmente cuando haya alguna discordia, proyecte de antemano buena voluntad y un buen resultado en la comunicación.

Siéntase libre y avance

Relájese. Imagine que va avanzando. Véase ahora libre de la influencia de otras personas y siguiendo adelante. Use cualquier enfado que sienta como impulsor de ese avance. Vea y experimente, siéntase libre para tener éxito y ser feliz. Tómese un momento para dejar que esto sea así o experimentar todo lo que quiere que sea exitoso y feliz. ¿Qué significaría esto para usted? ¿Qué le parecería?

9. La familia y los jóvenes

Cada miembro de una familia necesita que se le dé amor y se le respete como individuo. No es recomendable que al niño se le dé prioridad respecto a los adultos de manera que éstos no puedan mantener su autoestima y hacer lo que es importante para ellos. Esto sólo conduce al resentimiento y no es una demostración de cómo valorarse a sí mismo y hacer lo que es adecuado y mejor para uno. Por supuesto tampoco es adecuado para el niño que le aplasten o intimiden, ya que los niños necesitan ser estimulados respecto a sí mismo y a los demás. Tratar sin respeto a un niño leva a toda clase de perjuicios, no sólo para él individualmente sino en última instancia para la sociedad. No importa qué modelo adopte la familia. Lo verdaderamente importante es el respeto mostrado y sentido.

Para enseñar a respetar a los demás hay que empezar cuando el niño es pequeño. El proceso de respeto mutuo, de cuidado y de estímulo proporciona el modelo futuro para interactuar, vivir y trabajar armoniosamente con los demás. Los adolescentes en particular necesitan respeto, especialmente cuando son rebeldes y respondones, pero también deben entender que deben respetar a los demás.

Lo mejor que puede hacer por sus hijos, además de quererles y proveerles de lo que necesiten, es hacer que construyan y vivan su vida desde la autoestima. Los niños y los jóvenes necesitan que los adultos, preferiblemente sus padres, sean un modelo de autoestima para aprender a respetarse a sí mismo y a los demás.

Mi alta autoestima es lo mejor para
toda mi familia

Una alta autoestima es importante para los jóvenes

Si usted es una persona joven, puede sentirse particularmente confundida respecto a aquello que tiene valor y que es importante en su vida. Ha heredado un sistema, o una carencia del mismo, una manera de relacionarse con los demás, y puede haber recibido de las generaciones precedentes una impronta que no le ha podido ayudar. Por eso puede parecerle difícil orientarse sobre lo que de veras le importa.

Ante esta confusión, puede dudar de sí mismo y sentir que no es importante. Puede no valorarse ni respetarse plenamente. Podría no querer tomar la responsabilidad, o querer tomarla pero no saber cómo hacerlo. El primer paso que debe dar es dejar de culpar a los demás, padres, profesores, amigos o el gobierno. Aunque le parezca que no le han sido de ayuda, probablemente han hecho lo mejor que han podido. Empiece a mirar qué puede hacer para sí mismo. Es importante que mire cómo se siente, habla y actúa. ¿Su manera de pensar y actuar le ayuda a usted y a los demás? ¿Es usted la clase de persona que desea ser?

Es importante que sepa que posee un gran valor, que es irreemplazable, maravilloso y único. Ponga siempre su atención en lo que es bueno para usted y para los demás. Puede que necesite preguntarse qué es lo más importante en su vida. ¿Cómo puede respetarse aún más tanto a sí mismo como al resto de las personas? Si mira a la sociedad tal y como es, ésta podría no aportarle muchas respuestas o las que obtendría podrían no servirle de mucho. Así que, cuando haga algo, mire lo que siente dentro. Cuando piense en aquello que quiere conseguir, empiece a comprender cómo se siente y lo que es adecuado para usted y lo que no. ¿Cuál sería el mejor modo de emplear su vida? Empiece a considerar esto. Se trata de su vida.

Ahora me valoro a mí y a mi vida

La autoestima puede ayudar con las drogas

Muchos jóvenes tienen una estimación muy baja de la propia valía, una falta de expectativas y el deseo de escapar a los sentimientos que tienen en ese momento y lo reemplazan con un colocón. Esto les lleva a tomar drogas. Una de las que toman, la cocaína es particularmente efectiva para suprimir los sentimientos y con ellos el verdadero sentido de autovalía individual y la intuición.

Si usted, o alguien que conoce, se ha comprometido a salir de la drogodependencia, asegúrese primero de contar con el apoyo suficiente para no recaer. Concéntrese en mejorar su salud. Es más importante superar como sea el día a día en vez de mirar demasiado adelante. Empiece a escucharse y ver qué es lo mejor para usted. Es esencial que trabaje en su autoestima, que descubra qué quiere hacer con su vida, el trabajo que desea realizar. Consiga algún empleo, si es posible, y dinero que le permita vivir con cierto respeto hacia sí mismo. Esto le ayudará a crear un grupo de personas a las que le gustaría parecerse, sobre todo no drogadictos. Puede restablecer los lazos con su familia, de la que tal vez se ha apartado a causa de su drogodependencia.

Responsabilícese de su propia felicidad

¿Quién es responsable de su felicidad? ¿Quién es responsable de la felicidad de su esposo/a, su hijo, sus compañeros? Ya debería haber aprendido que sólo usted es responsable de si es feliz, o no, en su vida, o puede seguir creyendo que alguien debería «hacerle feliz». Aunque siempre es mejor que nos demos todo el apoyo, compasión y ayuda que podamos los unos a los otros, a medida que llegamos a la edad adulta cada uno es responsable de sí mismo. Sin los instrumentos adecuados para aumentar la autoestima puede parecer muy difícil saber qué hacer. Sin embargo usted ya sabe cómo usar sus pensamientos, emociones e imaginación, así como su intuición. Construir su autoestima es algo que debe hacer por sí mismo. Nadie más lo puede hacer por usted.

Cuando nos culpamos de la desgracia de otra persona, caemos entonces en la trampa del sentimiento de culpabilidad. Esto no ayuda ni a los demás ni a nosotros, y con el tiempo quizás lleguemos a estar resentidos por esta «vinculación». Así que trate a la gente con respeto y anímeles a hablar a pensar bien de si mismo y de los demás, y luego vuelva a fijar su atención en usted.

Los sentimientos de insatisfacción vienen de dentro. Nunca es demasiado tarde para concentrar la atención en sus propias necesidades. ¿Qué podría hacer que le ayudara a sentirse mejor? ¿Cómo podría mejorar sus relaciones de manera que fueran más cálidas y afectuosas? Su parte más importante es la intuición y necesita prestarle atención a fin de actuar adecuadamente para sentirse feliz y realizado. Mantenerse centrado, alegre y resuelto supone una demostración de elevada autoestima.

Ahora presto atención a mi intuición
sobre lo que es mejor para mí

Es muy fácil desperdiciar energía cuando nos distraemos en cosas que no son realmente importantes. Incluso los amigos más queridos y la familia pueden agotar nuestras energías si les importunamos constantemente en lugar de prestarles nuestra atención. «¿Cuál es el uso más importante que puedo dar a mi tiempo?» es una pregunta que debe hacerse cada día. Nadie más puede hacerlo por usted. Compruebe hora por hora lo que está haciendo con su precioso tiempo y su energía. Una vez tenga una idea de lo que desea conseguir, será más fácil saber cómo usar ese tiempo y esa energía. Sólo se sentirá realizado cuando haga lo que de veras le importa y lo que le da alegría. A veces puede ser trabajar y completar un proyecto; otras veces puede ser tomar una copa mientras mira la televisión. Para tener una elevada autoestima y sentirse realizado y sereno necesita prestar atención a su propia intuición.

Sea sincero consigo mismo. ¡Sepa que dando y recibiendo se avanza en muchos niveles! Una de las personas de la relación puede aportar más a nivel financiero y material, mientras la otra aporta más a nivel práctico o en término de apoyo mental y emocional. Muchas mujeres de hoy en día se quejan de que están perdiendo su identidad en la relación, especialmente si son dependientes desde el punto de vista financiero. Igualmente, muchos hombres se sienten sobrecargados por ser el proveedor financiero de la relación, lo que les conduce a una baja autoestima. Sentirse obligado a hacer ciertas cosas que no están entre sus principales intereses, no le honra ni a usted ni a la otra persona. Así, si usted es el que aporta el sustento económico, no se juzgue. Manténgase centrado y equilibrado en todo momento para no tener que lamentarse o sentirse ofendido por ello.

En sus relaciones es importante sentirse bien para hacer lo que es mejor para usted. Podría necesitar hacer algunos arreglos para adaptar a su pareja e hijos a la nueva situación, de manera que no socave su propia autoestima. Entonces ellos no sentirán la necesidad de aplaudirle y usted también les dará libertad para que hagan lo que quieran o puedan para continuar siendo felices. Cuando usted es feliz, proporciona a su pareja, familia y amigos la sensación de que ellos también pueden serlo por sí mismos.

Todos se benefician cuando soy feliz

Objetivos personales

Alta autoestima en la familia

1. ¿De qué modo puede mostrar amor y respeto por sí mismo?
2. ¿De qué modo puede mostrar amor y respeto por alguien de su familia?
3. ¿De qué modo puede pedir a su familia que le muestre amor y respeto?

Para los jóvenes

1. ¿Qué quieres hacer con tu vida? ¿Cómo te gustaría que fuese tu vida? Escucha tus corazonadas, sueños o fantasías. Anótalas.
2. Charla con personas que están haciendo el tipo de trabajo por el que te sientas atraído. Haz indagaciones sobre, por ejemplo, la formación que necesitarás

para lograrlo. Lleva una libreta o guarda en una casete o en el ordenador tus ideas sobre las cosas que te interesan, en las que sientes que te gustaría trabajar.

3. ¿Cuál es el primer paso que debes dar ahora respecto a cómo te gustaría que fuera tu mundo? ¿Hay alguna organización a la que te puedas unir? Si tus inquietudes son por el medio ambiente, ¿qué puedes hacer, en casa o en el colegio, por ejemplo, para ahorrar energía o reciclar cosas?

4. Nota qué es lo que te sirve para mantener alta tu autoestima. Escucha a tu intuición y tus corazonadas. Anótalas en una libreta o en tu ordenador.

Propiciar satisfacción y goce

Relájese y realice el siguiente ejercicio.

1. Haga un listado de todas las cosas que puede hacer que le reporten satisfacción y un sentimiento de estar avanzando en la vida. Establezca n plazo y determine cuándo lo va a hacer.

2. ¿Qué puede hacer con su pareja, un amigo o un familiar que resulte alegre y divertido para ambos? De nuevo, establezca un plazo y determine cuándo lo va a hacer.

Relajaciones

Alta autoestima en la familia

Relájese e imagínese a sí mismo amándose y respetándose. Vea a cada miembro de su familia respetándose y sintiendo autoestima. Note que su amor y respeto avanza hacia ellos.

Ahora sienta que le llega el amor y el respeto que su familia siente por usted. Permanezca abierto para poder recibirlo.

Para los jóvenes

Relajar tu cuerpo es esencial para aprender a relajar tu mente y resulta útil para sentir cómodamente tus sentimientos. También te proporciona energía. Ve a tu habitación. Poner música te puede ayudar. Arréglalo para que no te interrumpan y relaja tu cuerpo poco a poco. Imagina un sitio donde puedas estar relajado y tranquilo, un hermoso lugar en medio de la naturaleza. Nota lo calmado y equilibrado que te sientes, cómo el estar así fortalece tu autoestima. Cuando estés relajado y centrado, plantéate: ¿hay algo que te gustaría saber? Puedes preguntarle a tu intuición. Podría ser sobre el siguiente paso que debes dar en algún aspecto de tu vida. Abre suavemente los ojos antes de levantarte, sintiéndote calmado aunque expectante,

Proporcionar más alegría a su vida

Relájese, véase lleno de autoestima y feliz. Note cómo es esto. Note qué hace para contribuir a su felicidad. ¿Con quién está usted? ¿En qué tipo de entorno está? Irradie buena voluntad para atraer estas circunstancias felices. Déjese llevar por su intuición para ver qué es lo más importante que debe saber y hacer respecto a su felicidad. Espere con ilusión hacer más cosas que le llenen de alegría, a medida que vaya abriendo los ojos, sintiéndose relajado aunque expectante.

10. Su civismo

Respetar a los demás y al entorno

Cuando excusamos o ignoramos una falta de respeto por parte de otras personas, forzosamente nos sentimos inquietos a un nivel muy profundo. Cuando respetamos a nosotros mismos, tenemos más probabilidades de respetar a los demás y a nuestro entorno.

Vivimos en un hermoso planeta, aunque parece que constantemente abusamos de él. Cuando no respetamos ni tenemos en consideración al planeta, realmente reflejamos una falta de respeto por nosotros mismos. Ahora que son de dominio público algunos de los métodos con los que dañamos el planeta y la atmósfera, es importante hacer todo lo posible para ser respetuosos con la Tierra para preservar la existencia de la humanidad. ¡Aunque el planeta pueda sobrevivir y adaptarse sin nosotros, por el momento el ser humano sólo puede vivir en este planeta! La humanidad no tiene otro hogar.

Por eso tal vez debemos mirar más de cerca el uso que hacemos de los recursos naturales. ¿Cómo podemos dejar de usar alguna de las cosas que utilizamos y los envases prescindibles? ¿Cómo podemos contribuir positivamente para preservar, proteger y favorecer algunos aspectos del planeta y de la vida en el mismo? ¿Podemos participar en el proceso político a favor de lo que ahora es necesario?

Respeto por el individuo

Los derechos legales del hombre y el respeto por uno mismo, los demás y el entorno son principios que lamentablemente ha perdido la sociedad actual. El derecho a ser tratado con respeto es fundamental. Sin él tendremos un grave problema para vivir y trabajar juntos. Si usted vive en una ciudad o comparte un edificio con otras personas, conocerá algunos de los problemas y desafíos que dificultan la convivencia pacífica. A menudo hay disputas sobre el uso del jardín, el mantenimiento, la limpieza de las zonas de uso comunitario y –tal vez el mayor reto de todos– la convivencia con el ruido de las otras personas. Si alguna vez ha permanecido desvelado noche tras noche a causa de la música del piso de arriba, de abajo o de al lado, será consciente de la importancia que esto supone para su libertad personal y su autoestima.

Escuche siempre a su intuición, sus corazonadas, e identificará lo que es importante que usted haga en cada situación. Al responsabilizarse de su vida, como individuo y como ciudadano, su autoestima aumentará y descubrirá que tiene más energía para ayudar tanto a los demás como a sí mismo.

*Al respetarme a mí mismo, respeto a
los demás y al entorno*

Usted puede influir

Hay muchos cambios sociales y políticos; el antiguo orden de cosas está cambiando y desapareciendo. Al mismo tiempo que suceden estos cambios, surgen oportunidades para participar, hay muchos grupos de presión a los que un individuo se puede unir. Una parte importante de la construcción de la autoestima es creer en usted mismo y en su influencia. Sea cual sea la energía requerida, sea entusiasmo sobre algo que debe hacerse o rabia por el modo en que se abandonan ciertos aspectos de nuestra vida actual, sepa que esta oleada de energía indica que se trata de algo importante para usted. Preste atención. Esté dispuesto a formular sus ideas para hacer cambios positivos y pase a la acción.

Se ha dicho que la política es demasiado importante como para ser dejada en manos de los políticos. Si cree que podría hacerlo mejor que los concejales de su municipio tal vez estén en lo cierto, así que simplemente hágalo. Si bien es importante que los políticos escuchen y ayuden a la gente, también es importante que la gente hable en voz alta y se haga escuchar, aclarando lo que quieren y necesitan. Se trata de hacer de la política un proceso de doble sentido. Para la valoración de uno mismo es excelente identificar qué siente en lo más profundo y hacer algo por ello. Ahora es el momento de participar en lo que en términos generales podríamos llamar «política». Su actuación puede hacer del mundo un lugar mejor, promover la paz y asegurar la supervivencia en el planeta.

Usted puede tener algunas ideas claras sobre lo que se necesita en diferentes áreas de la sociedad, la educación o la vivienda. Imagine un paisaje de aguas cristalinas y aire puro, verdes árboles y vegetación. Puede discutir con personas de ideología similar sobre cuál podría ser la solución ideal a los problemas locales. Sin embargo los pensamientos constructivos no son suficientes. Es el momento de pasar a la acción. Actúe responsablemente y con autoestima respeto a nuestro planeta. Podemos actuar tanto a nivel individual como colectivo para influir. Hay muchos grupos políticos, ambientales y de presión con los que puede contactar. Consulte en la guía telefónica o busque información en su barrio.

Ahora influyo diciendo lo que pienso
y pasando a la acción

Objetivos personales

Influir como ciudadano

1. ¿Qué puede hacer en su vida cotidiana como individuo para ayudar y apoyar a los demás o al entorno? Indique los pasos necesarios, empezando con uno que pueda realizar inmediatamente.
2. ¿Hay alguna gran causa que le apasione, por ejemplo el peligro de los residuos nucleares? ¿Hay alguna manera de poder influir en los demás para lograr la acción adecuada?
3. Ponga su interés para que se tomen decisiones y se conviertan en leyes, participando en el proceso político. Plantéese ser miembro de un partido político o de un grupo de presión, incluso averiguando cómo se puede convertir en concejal. Contribuya de alguna manera que sea correcta para usted.

Relajación

Respetar a la gente y al entorno

Relájese. Imagine que está tranquilo, sereno y lleno de autoestima. Véase sano y radiante. Imagínese perfectamente rodeado de agua, mar y aire puro y de vegetación. Puede imaginar lo que quiera, por ejemplo un sistema político que sea eficaz, medios de transporte que funcionen. Pregúntese qué puede hacer para influir de una manera activa. Imagínese haciéndolo.

QUINTA PARTE

Su cuerpo

11. La autoestima y su cuerpo

Véase atractivo

¿Le gusta su cuerpo? Mucha gente cree que su cuerpo no es atractivo. Puede estar perdiendo un montón de tiempo si constantemente se lamenta porque: «No soy atractivo, tengo sobrepeso, mis piernas son demasiado cortas» o lo que sea; esto centra su atención en lo que no le gusta, no en lo que le gusta. Se forma una imagen poco atractiva de sí mismo y esto es lo que proyecta y divulga al mundo. Además, incluso si los demás piensan que usted está bien, se siente obligado a no creerles del todo.

Si piensa que sería mejor estar más delgado, más en forma, dedique alguna atención a su peso, peinado o ropa de la manera más agradable posible y que le proporcione los resultados que desea. No deje de hacer cosas porque crea que no es lo suficientemente atractivo, sobre todo cuando quiera hacer cambios; gustarse a sí mismo es importante, proporciona apoyo y es provechoso. ¡No espere hasta haber perdido peso, por ejemplo, para empezar a gustarse y hacer las cosas que desea! Mientras su salud y apariencia externa mejorarán con la nutrición, la comida sana y el arreglo personal, su aspecto también se ve afectado por sus pensamientos y sentimientos.

Me concentro en lo que es
atractivo de mí

Hay en día se pone mucho énfasis en el aspecto externo de la persona; sin embargo, lo que usted piensa sobre ellos y cómo se percibe a sí mismo –su imagen interior– juegan un importante papel en cómo le perciben los demás. Así pues, concéntrese en las partes que le gusten y descubrirá que esos aspectos son en los que la gente se fija.

Hable de su cuerpo como le gustaría que fuera, sano y atractivo. Imagine su cuerpo de esa manera. Cuando note que está hablando de su cuerpo o pensando en él de un modo que no realce su autoestima, abandone esa manera de percibirse y véase como le gustaría ser. Cuanto más se concentre en una cosa, más se agiganta ésta, así que no enfatice sus defectos. Trate a su cuerpo como un amigo al que quiere amar y apoyar.

Usted controla su cuerpo

Posiblemente ya sabe que puede ayudarse o no a sí mismo respecto al tema de la comida. Puede ser consciente de que come compulsivamente para sofocar sus sentimientos y para encontrar consuelo. Si, como inevitablemente ocurre, más tarde se siente culpable y mal, hay muy poco placer en todo el asunto. Si come montones de dulces, vea si puede encontrar otras maneras de «endulzar» su vida permitiéndose muchas de las cosas que le gustan.

Casi todos los comportamientos compulsivos afectan negativamente a nuestro cuerpo. Necesitamos estar suficientemente comprometidos con nosotros mismos para querer cambiar y avanzar porque haciendo esto mejoramos nuestra autoestima y nos resulta todo más alegre. Tan pronto como se oiga diciendo «nunca más», ¡sepa que sí, que lo hará! Lo que necesita es perdonarse por lo que siente que ha estado haciendo mal, dejar de culparse. En todo cambio esto es vital, sobre todo cuando quiere cambiar su comportamiento.

Note también qué sentimientos está ignorando o incluso reprimiendo al seguir con el comportamiento que quiere cambiar, sea por abandono, descuido o falta de decisión. ¿Qué es lo que realmente está sintiendo? Da seguridad experimentar los propios sentimientos. Al hacerlo, éstos le apoyarán más. ¿Existe la posibilidad de que pueda ser más amable consigo mismo? ¿Está escuchando lo que realmente quiere, tanto lo que quiere su cuerpo como lo que quiere usted mismo en la vida? Empiece a darse más de lo que quiere. Esto también significa tomar la acción apropiada para seguir adelante en la vida.

Empieza a darme lo que
realmente quiero

¿Está pensando en ponerse a dieta o en seguir un programa de ejercicios para perder peso y modelar su figura? Tal vez haya estado antes haciendo dietas y ejercicios pero después ha recaído en los viejos hábitos. Tal vez ha llegado donde quería estar y después ha vuelto accidentalmente a su anterior peso. La dieta y el ejercicio adecuados, entonces deben considerarse los factores mentales y emocionales.

Tal vez deba preguntarse primero: «¿Qué estoy esperando?» ¿Hay algún aspecto de su vida en el que quiere progresar? Si es así, entonces convierta en una prioridad la identificación de lo que quiere conseguir y vea cómo puede lograrlo. ¿Está cargando con el peso muerto de sus propios deseos frustrados? Podría decirse que lo hará cuando haya perdido peso, no obstante podría estar dependiendo de ese peso simplemente porque usted no sigue lo que le gustaría hacer de corazón.

El miedo y todas nuestras emociones pueden fortalecerse si no los queremos reconocer. El sobrepeso puede ser la manera con que el cuerpo se adapta al estrés. Donde hay un miedo a ser herido, podría ser que inconscientemente se haya añadido una capa para protegerse a sí mismo. Intente inspirar fuertemente y relajarse; simplemente note lo que está sintiendo. Siga recordándose que es seguro sentir sus sentimientos en todo momento. Al reconocer y aceptar sus sentimientos le resultará más fácil hacer los cambios que quiere para su manera de comportarse.

Me resulta seguro sentir mis
sentimientos

Manejar el dolor y la enfermedad

Cuando se sienta físicamente débil, su prioridad debe ser relajarse y cuidarse. Haga lo que pueda para mantener o fijar acuerdos con los demás, sin embargo, no vaya más allá de un cierto punto. Si lo hace, conseguirá muy poco y será peor. Durante todo el tiempo de enfermedad, cuide su cuerpo; detrás de muchos resfriados y gripes reside el agotamiento que nos hace más vulnerables a ellos. Muy a menudo estamos demasiado ocupados en identificar y poner en su sitio lo que necesitamos para mantenernos bien: el descanso, la relajación, una actitud positiva, la comida, el ejercicio, el compañerismo y el trabajo que nos sienta mejor.

Cuando se está físicamente enfermo es muy difícil sentir una alta autoestima, sentirse centrado. Hay una tendencia a dejar que su estado le abata. Por lo tanto es doblemente importante hacer todo lo posible para ayudarse. Haga todo lo que pueda para aliviar cualquier dolor, sea mediante la medicina convencional o una alternativa. Si puede, intente escuchar música espiritual y relajante. Éste no es el momento de resolver el porqué y cómo esto ha sucedido, incluso si el problema se repite o es crónico. Recuerde que los peores síntomas son temporales, conciba que se va a sentir mejor. Al acostarse cómodamente, envíe mensajes a sus células para curarse y funcionar perfectamente, recuerde un tiempo pasado en el que se sentía bien y lleno de vitalidad. Si está en una situación incómoda, pregúntese qué cosa, qué pequeña cosa puede hacer que le proporcione alegría. Podría ser escuchar un programa concreto de radio, tomar un baño relajante, sentarse apoyado cómodamente de manera que pueda leer su revista favorita. Escuche a su intuición para revitalizarse. Ayúdese visualizándose a sí mismo como una totalidad, sano y vibrante.

Al relajarme y descansar, mi salud
se recupera

Puede ser preocupante si alguien próximo a usted está enfermo, especialmente si parece empeorar y está inquieto. Usted querrá hacer todo lo que pueda por esa persona. Pero si no puede hacer más, o se siente constantemente culpable, cansado y nota que sus esfuerzos no conducen a nada, entonces es el momento de retirarse. Usted siempre puede ayudar a otra persona pensando que está curada y sana. Hable con ella usando palabras de ayuda y ánimo; eleve su autoestima y recuérdele lo bien que lo está haciendo, lo lejos que ha llegado. Introduzca en la conversación momentos pasados en los que disfrutaba de salud y energía. Mostrarles una elevada autoestima, buena voluntad y compasión tendrá un efecto positivo en esas personas.

Sobrellevar la menstruación

Para las mujeres, la menstruación puede ser difícil o incluso dolorosa a nivel físico, mental y emocional. Usted puede tener síntomas incómodos antes y durante la menstruación, como un malestar físico, retención de líquidos, calambres y dolor de cabeza. Puede tener pensamiento que golpean constantemente su cabeza, emociones reprimidas, una sensación de estar fuera de control. Ser consciente de todo esto los días anteriores al periodo, así como tratarse bien a sí misma durante el resto del mes, puede serle de gran ayuda. Tome la comida, la bebida y haga la relajación que sean mejores para usted. Recuerde, sus necesidades individuales pueden ser muy diferentes de las de otra mujer.

También puede probar algunos tratamientos complementarios de medicina para aliviarle el dolor en este momento. Lo mejor es repartirlos a lo largo del mes de modo que haya menos acumulación e incluso mayor equilibrio de energía. También puede mantener sus pensamientos positivos y, si puede integrar sus emociones a lo largo del mes, habrá menos sentimientos reprimidos.

Me siento equilibrada y tranquila

Lo que es mejor para su cuerpo

Cada persona, como ser único, tiene necesidades especiales en todos los aspectos de su vida. Pregúntese qué sería lo más provechoso que podría hacer ahora para su cuerpo. ¿Debería parar y relajarse, moverse, comer determinados alimentos o hacerse un masaje? ¡Simplemente pregúntese a sí mismo y lo descubrirá! Si su cuerpo tuviera una voz, ¿qué le estaría diciendo ahora? ¿Sería «Estoy agotado, quiero cuidarme»? ¡Escuche y obtendrá la respuesta! Pase entonces a la acción de una manera que sea agradable y le vigorice.

Los pensamientos con un bajo nivel de autoestima y el estrés son destructivos para la energía. La mezcla de miedo y la creencia de que nuestros sentimientos no son importantes nos llevan a una acumulación diaria de ansiedad y preocupación que causa agotamiento. Averigüe qué le va bien y adopte las medidas necesarias. Recuerde que sus necesidades cambiarán en diferentes momentos.

Precisamente porque es usted un individuo único, maravilloso y especial, también su cuerpo es único y maravilloso, con sus energías especiales, necesidades variables y atenciones. Escuche a su intuición para saber lo que su cuerpo necesita y quiere. Éste responderá al buen trato que le dispense. Haga que sus hábitos y actitudes le ayuden a mantener alta su autoestima y tener la energía necesaria para vivir plenamente la vida.

Al hacer lo que es mejor para mi
cuerpo, cada vez tengo más energía

Objetivos personales

Lo que es mejor para su cuerpo

1. Relájese e idee un programa de todas las cosas buenas que puede hacer por su cuerpo durante los próximos tres meses.
2. ¿Cuál es la única cosa buena que puede hacer por su cuerpo a partir de hoy mismo?
3. Anote sus pensamientos más positivos par animarle a mantener su programa.

Menstruación

1. Anote qué puede hacer este mes para aliviar su periodo. Qué cosas concretas puede hacer antes y durante. Si tiene un día ajetreado en el trabajo, arréglelo para pasar una velada relajada, por ejemplo.

Relajaciones

Cuidar su cuerpo

Es un estado de relajación, pregunte a su intuición qué puede hacer respecto a su cuerpo. ¿Qué le beneficiaría y le daría apoyo? Si hay dolor o tensión, pregunte qué necesita hacer para tranquilizarse.

Menstruación

Relájese, siéntase tranquila, centrada y equilibrada. Mentalícese que su periodo será fácil y sin problemas. Sienta cómo expulsa desechos mentales y emocionales, note cómo se disuelven. Sienta lo bien que se está sin esa tensión, teniendo el control, dándose la oportunidad de disponer de algún espacio propio para hacer lo que más le gusta. Relájese de esta manera durante diez minutos los días previos a la regla y durante ella.

Sentirse cómodo y activo

Siga su relajación general. Ahora imagínese enviando amor y apoyo a todos los ámbitos que estén tensos, incómodos o que sienta que emiten juicios con respecto a las apariencias. Disuelva esta imagen y relájese y aún más profundamente, imagínese con la energía extra y el sentido de la relajación que querría para sí mismo. Note lo bien que se siente. Relájese y mantenga esta imagen; después déjela ir totalmente, permitiendo que los buenos sentimientos permanezcan en usted.

SEXTA PARTE

Su dinero

12. La autoestima y su dinero

Moverse con dificultades económicas

Puede ser que en estos momentos, como otra mucha gente, esté pasando por dificultades financieras. Incluso si usted mismo no tiene problemas, probablemente conocerá a alguien que sí. Éstas pueden comprender desde tener el sueldo congelado o la devaluación de su casa hasta perder todo lo material: trabajo, ingresos y posteriormente el hogar. Por todas partes hay miedo e incertidumbre con relación al dinero.

Si usted es una de las muchas personas que están pasando por dificultades financieras, anímese. No es necesariamente culpa suya, simplemente deje de aplicar las viejas reglas. Por otra parte podría encontrar todo tipo de oportunidades para hacer dinero que antes no había considerado. Cuando las reglas establecidas están cambiando, nos puede parecer que conllevarán menos dinero.

Si no tiene el dinero que cree necesitar, incluso para pagar lo básico, puede resultar extremadamente preocupante y terrible. Si se encuentra en esta situación, y mucha gente lo está sin tener culpa alguna, puede sentirse paralizado, incapaz de hacer algo o incluso pensar correctamente y resultarle difícil concentrarse en el trabajo o encontrar un empleo. Se puede sentir abandonado. Posiblemente se aterrorizará al imaginar las peores situaciones.

Otra reacción que puede tener es intentar, y pretender, negar la situación, ignorarla mediante la comida, la bebida, el dormir demasiado o mirar en exceso la televisión. Si está con otra persona, puede ser que su estado desmoralice al otro aumentando la preocupación especialmente si se centra más en el problema que en las posibles soluciones.

Me concentro en soluciones para
esta situación

Ahora lo que debe mantener y creer es que hay una solución, una o varias maneras de poder resolverlo. Su primer y más importante paso es creer esto, especialmente si hay una pequeña señal de mejora. Es un acto de fe que enlaza con sus principios de autoestima para extenderla a mejores circunstancias y situaciones, incluso si su situación actual parece sombría.

Necesita un modo de forzar la situación de manera que pueda seguir con su vida y estar en una buena posición para resolver este reto. Hay cosas que le podrán ayudar. Recuerde que sólo es una situación; no necesita hacer de ello un drama emocional, aunque lo parezca.

Hay momentos en los que sentimos que cedemos completamente, que nada está funcionando, que lo hemos hecho todo mal. Es aquí cuando debe actuar la «materia gris», la determinación y el coraje. Usted puede tomar la decisión de ver las cosas de manera positiva porque es capaz de ello. Es importante, al mismo tiempo, mirar y estar dispuesto a adoptar las medidas necesarias.

Pasar a la acción hace disminuir mi
miedo y ansiedad

Hay un ir y venir en la mayoría de situaciones de la vida. Cuando usted está sin blanca, supone un retroceso respecto a su dinero. Podrá manejar los desafíos que esto conlleva si encuentra un modo de mantenerse relajado, aunque alerta, respecto a la situación. Es importante recordar que todavía mantiene su valoración y confianza en sí mismo, a pesar de la situación. Deje de culparse o de culpar a los demás por lo que ha sucedido. Esto no significa que no vaya a reclamar las indemnizaciones necesarias, que no le paguen los recibos y que el dinero que le deben no llegue. Vea qué puede hacer hoy que le ayudará en la situación. Ante todo hable con sus acreedores y vea si pueden aceptar pequeños pagos regulares. ¿Qué puede hacer hoy para generar o recibir más dinero? ¿Qué acciones debe tomar, aunque sean pequeñas?

Generar más dinero

Contrariamente a lo que le habrán dicho, esperar y pedir dinero es ¡algo bueno! Repítase: «Quiero más dinero», «Merezco más dinero». Nos han dicho muchas cosas negativas sobre el dinero, que «el dinero no hace la felicidad», que «no se puede comprar el amor» y que no «crece en los árboles».

A pesar de que a menudo se ha equiparado el dinero con la categoría social y la valía, su verdadero valor es constante e independiente de sus finanzas. Lo mejor es que tenga el dinero a su disposición, de manera que pueda hacer lo que resulte útil y agradable para usted mismo y para los demás. Si se limita a pensamientos y miedos de las viejas maneras de pensar, puede limitar su habilidad para recibir dinero, para disfrutarlo y usarlo de una manera provechosa. ¡Abandone estos pensamientos o cámbielos, literalmente intercámbielos por otros más positivos! Las restricciones en otros aspectos de su vida pueden también inhibir el flujo del dinero hacia usted. Así que, si usted está mal, hace un trabajo que no le gusta o que sabe que no le es adecuado, o si es un ser detestable en sus relaciones, descubrirá que, si permanece cerrado y receloso, esto afectará su capacidad y habilidad para recibir.

Me recuerdo mi verdadera valía

Desde una elevada autoestima podría ser creativo pensar en todas las maneras por las que el dinero puede venir a usted, no sólo como lo recibe ahora. Habrá maneras por las que el dinero pueda fluir hacia usted, tal vez vendiendo un producto que ha encontrado beneficioso. Puede ganar algo, billar, competiciones, la lotería, premios, ¡pero antes necesita adentrarse en ello! Ábrase a nuevos y diferentes sistemas para que el dinero vaya a usted.

A veces, porque se siente débil o preocupado, aceptará de mala gana ofertas económicas u oportunidades para generar dinero. A los demás les puede parecer que, al no mostrarles gratitud, usted no está preocupado o que no desea ni aprecia la oferta. Es importante no limitar las oportunidades para recibir dinero y crear otras nuevas, así que procure mostrar su aprecio y gratitud. Siempre es provechoso decir gracias, y siempre lo puede devolver de otras maneras si lo desea.

Desde una elevada autoestima, piense cuánto dinero extra quiere. Puede ser útil tener en mente una cantidad concreta, sea una suma global o una cantidad fija periódica. Recuerde, una cierta cantidad de dinero no le dará automáticamente seguridad o autoestima. Esto lo deberá desarrollar desde dentro. Si antes desarrolla la autoestima y una cierta seguridad interna, le resultará más fácil conseguir aumentar los ingresos y se sentirá bien enseguida. Si tiene autoestima, no necesitará esperar que se cumplan algunas condiciones particulares para sentirse bien con usted mismo y con su vida.

Siento una alta autoestima sea cual
sea mi situación financiera

Proyectos para su dinero

Considere qué haría si, de pronto, aumentaran sus ingresos. ¿A qué proyecto lo destinaría? ¿Qué uso daría a su dinero? Puede guardarlo e invertirlo o gastarlo en algo concreto, personal o relacionado con los negocios. Puede estar relacionado con su formación, cursos en los que quiera participar para aprender habilidades personales o específicas relacionadas con su trabajo. Haga una lista. Tenga metas firmes, tal vez fijándose una agenda, y obtenga todos los consejos financieros que necesite de asesores externos. Si tiene una última duda sobre si merece ganar más dinero o si lo usará bien, bórrela ahora. Usted se merece más dinero y siempre lo ha merecido. Ahora esté preparado para recibirlo. Note cómo le ayudaría tener más dinero, cómo le beneficiaría. Sea consciente de lo beneficioso que será para todos los demás si usted dispone de más dinero.

Escuche su intuición

Cuando se esté relajando y escuche a su intuición, será más consciente de todas las indicaciones, sugerencias y la inspiración sobre lo que hacer a continuación. Anote estas sugerencias. Vea si puede pasar a la acción. Recuerde que en asuntos de dinero, así como en otros aspectos de su vida, su intuición le hará sugerencias que pueden parecerle pequeñas, incluso simples, y no obstante proporcionan una importante clave para seguir adelante con sus finanzas.

Confié tanto en su intuición como en el nivel de seguridad que desea. Incluya esto en sus planes y objetivos sobre el dinero. Aclare la cantidad de dinero que quiere y ponga en su sitio los propósitos para su dinero. Escuchando a su intuición aprenderá a usar mejor su dinero para beneficiarse tanto usted como los demás, de acuerdo con su autoestima, que recientemente ha aumentado, y las expectativas que ciertamente esto conlleva.

Tener más dinero me beneficia a mí
y a los demás

Tener dinero en reserva

Cuando vea que están cubiertos los mínimos de «supervivencia», sería conveniente para su autoestima hacer que su dinero le sirva de apoyo y trabaje para usted. Probablemente deseará la máxima flexibilidad para usarlo y con una cierta seguridad a largo plazo. Lo más sensato es que mantenga sus gastos por debajo de sus ingresos. Cuando aumentan los ingresos es fácil incrementar también los gastos, obteniendo coas mejores y en mayor cantidad, con lo cual su situación económica no mejora al no disponer de un dinero adicional.

No es necesario que se vuelva una obsesión, pero plantéese como prioridad encontrar las mejores maneras posibles de manejar su dinero y obtener el mejor rendimiento. Si una de sus aspiraciones es la seguridad financiera y la independencia, resuelva qué dinero querría o necesitaría para ello y vea cómo lo puede conseguir. Sea consciente de que usted merece cierta abundancia económica para enriquecer su vida y la de los demás.

Estoy agradecido por la abundancia
y la riqueza que hay en mi vida

Objetivos personales

Manejar dificultades financieras

1. El primer paso es creer en usted mismo, que hay una salida de esta situación y que puede resolverla. Es muy importante creer esto, tener fe. Puede ayudarse cambiando todos sus pensamientos por otros positivos. Escríbalos.
2. Haga una lista de todas aquellas personas a las que debe dinero y anote las cantidades. Conscientemente deje de culparse por esto; resolverá la situación antes de lo que cree. Ahora averigüe quién puede proporcionarle dinero para pagar, aunque sea una cantidad pequeña.

   Empiece con cosas esenciales básicas. No sobreestime las cantidades que pueda pagar ni se juzgue por no ser capaz de mantener los pagos. Si encuentra difícil hacer esto porque le resulta desagradable, pida a un amigo que le ayude, alguien que quiera hacerlo de una manera bastante objetiva. No necesita tener un asesor financiero.

   Recuerde, es esencial que explique si situación a aquellos a los que debe dinero y darles una idea realista de cuándo y cuánto puede usted pagar (pequeñas cantidades regulares pueden ser aceptables).
3. Planee que tendrá este dinero. Idee todas las cosas que puede hacer para obtenerlo, empezando hoy mismo.
4. Asegúrese de disfrutar de los otros ámbitos de su vida en los que todavía hay muchas cosas para gozar y sentir. Debe ser más consciente de ellas. Esté abier-

to a su intuición como el mejor camino a seguir. Habrá objetivos para el presente y el futuro, nuevas oportunidades o el estímulo para hacer que las cosas vengan.

Recibir más dinero

1. Anote la cantidad de dinero que quiera. Puede ser una cifra única, una cantidad anual o mensual. Puede adecuar la cifra como le resulte más apropiado, tal y como le indicamos en el ejercicio 2 del apartado anterior.
2. ¿Para qué quiere el dinero? Haga ahora una lista de sus necesidades y las cantidades que cree poder necesitar para ellas. En este punto no intente resolver cómo conseguirá el dinero.
3. ¿De qué maneras puede obtener el dinero? Al relajarse, ¿qué sensaciones recibe? ¿Qué necesita saber? ¿Qué puede llevar a la práctica? ¿Hay alguna otra manera por la cual pueda llegar lo que desea? Anótelo todo.
4. Escriba lo que quiere hacer ahora.

Riqueza incrementada

1. Describa su situación si ésta mejorara, preocupándose por los detalles. Compruébelo todo, añada lo que pueda haber omitido.
2. Anote sus nuevos objetivos económicos respecto a las cantidades que han aumentado.
3. Con la ayuda de su intuición, como en la relajación, esté abierto a las nuevas oportunidades. Anote cualquier consejo o intuiciones a medida que sucedan,

considerando los pasos a dar, las personas con las que contactar y pase entonces inmediatamente a la acción. Incluya todo lo que quiera hacer y darse a sí mismo, el dinero disponible en este momento y también en el futuro.

4. Es importante que continúe creyéndose y sintiéndose rico, agradeciendo la abundancia de lo que dispone. Tenga sentimientos de seguridad y éxito. Exprese su gratitud.

Relajaciones

Atraer el dinero que quiere

Relájese todo lo que pueda con el cuerpo situado cómodamente y con la respiración normal y relajada. Ahora visualice una hermosa escena que conozca o que pueda imaginar, en la que sienta seguridad. Introduzca un sentimiento de valor, un sentimiento de seguridad interior y de confianza que va a encontrar. Apele a su valentía y escuche a su intuición sobre lo que debe hacer.

Abandone sus antiguos pensamientos, negativos y limitados, y permita que otros nuevos y positivos ocupen su lugar. ¿Cuáles serían algunos de ellos? Permítales entrar y sienta que ahora merece una mayor seguridad económica, que ahora el dinero fluye hacia usted. Está entrando suficiente dinero, más del necesario para cubrir lo esencial y también para hacer otros planes.

Escuche a su intuición. ¿Hay otras corazonadas que podrían serle de ayuda? Salga lentamente de su relajación y anote qué va a hacer y cuándo lo hará.

Sentir el aumento de riqueza

¡Vea lo beneficioso que resulta esto para usted mismo y para los demás! Con su nueva riqueza imagine cómo sería un día concreto; simplemente imagínelo, vea lo que está haciendo, con qué tipo de gente se encuentra, en qué ambientes se mueve. Note lo bien y feliz que está y lo seguro y realizado que se siente, o todos los buenos sentimientos que cree tendría en tales circunstancias. Entre en los detalles: cuanto mejor imagine algo, mejor se volverá esto. Use su intuición y vea si le sugiere lo que le podría ayudar. Tarde o temprano llegará alguna respuesta: siga teniendo sugestiones, inspiraciones y sugerencias. Cuando salga de la relajación, anote las ideas o acciones que se le hayan ocurrido.

SÉPTIMA PARTE

La autoestima y su trabajo

13. Su trabajo y los cambios laborales

Su trabajo y su autoestima

Para su autoestima y bienestar es esencial que encuentre el trabajo que le gusta, un trabajo que le llene de energía y entusiasmo mientras lo realiza. Necesita ser capaz de ver los resultados de su trabajo y la aportación que usted está haciendo. Esto es importante no sólo por la cantidad de tiempo que pasa en el trabajo, sino también porque hay una gran relación entre su autoestima, su bienestar y el trabajo que hace.

Puede pensar que todo esto está muy bien pero no se le aplica si está en una posición en la que no es capaz de obtener ningún empleo. Sin embargo depende de su punto de vista. Puede parecer difícil cuando no tiene trabajo o está en un puesto que odia. Cuanto más se pueda formar una imagen optimista, más puede ayudarse a sí mismo. Recuerde que lo que usted aporta a cualquier trabajo o proyecto en el que está involucrado es muy especial, más allá de cualquier titulación. Usted es único y especial, independientemente de su categoría laboral o puesto de trabajo.

Casi cualquier trabajo se puede hacer de una manera que aumente la autoestima. Naturalmente esto también es válido para la persona o personas con las que o para las que está trabajando. También es vigorizante y más satisfactorio que hacer las cosas de un modo poco entusiasta. Incluso si no está seguro de encontrarse en el puesto correcto quiere cambiar, por su propio bienestar haga las cosas con entusiasmo mientras permanezca allí. Muy a menudo se puede sentir deprimido en su trabajo justa antes de entrar en un periodo de cambio, pero puede planear en su tiempo libre lo que realmente quiere hacer.

Tengo que hacer una
contribución única

El cambiante mundo del trabajo

Ya debe haber experimentado grandes convulsiones en el trabajo y en sus expectativas sobre un puesto. El viejo mundo del trabajo en el que uno se incorporaba a una organización y permanecía allí toda la vida o durante muchos anos se está convirtiendo rápidamente en una cosa del pasado. Cada vez más las empresas coordinan y utilizan agencias externas y la gente es despedida, pasa a estar desempleada, se ve atrapada en contratos temporales, opta por una segunda carrera o trabaja por cuenta propia.

Como para la mayoría de personas trabajo y dinero están íntimamente ligados, esa situación puede sentirse como una doble amenaza a la seguridad personal. Puede haberlo hecho todo correctamente y encontrarse en una situación preocupante sin que sea culpa suya. El pánico puede cundir especialmente en épocas de cambios estructurales y financieros. Mucha gente se siente insegura y asustada en el trabajo y esto lleva a comportamientos que a menudo parecen inaceptables, como intimidar y echar la culpa a otras personas. Los jefes y los que gozan de autoridad tienen el deber especial de controlar bien sus energías para integrar sus propios sentimientos de miedo, angustia e impotencia de manera que puedan ayudar a los demás a hacer lo mismo. Sienta sus emociones en casa, en privado, y déjelas que cambien. Por muy mala que sea la situación, es primordial relajarse, confiar y adoptar una visión positiva. En todos los sentidos planee las cosas de antemano, con estrategias alternativas para el futuro, pero vea también qué puede hacer para progresar en la situación actual. Asegúrese de tener momentos que sean placenteros y agradables: un paseo por el parque, un baño relajante y hablar con un amigo que le apoye. A medida que imagine su día, vea por ejemplo cómo puede pasar por lo que necesita hacer de un modo que no se sienta presionado. Es el momento de contrarrestar el estrés y hacer las cosas de la manera más adecuada.

Por una parte hay un desgaste de la seguridad y por la otra aparece la oportunidad de construir la única seguridad real que existe, aquella que viene del interior. Para mucha gente este cambio de las viejas normas puede parecer un respiro en el antiguo mundo del trabajo, donde las cosas parecían estáticas e inamovibles. Han estado unidas demasiado tiempo. Hay más ideas sobre las nuevas vías de trabajo y con ellas aparecen muchas más oportunidades.

Mi verdadera seguridad surge
de mí mismo

Encontrar el trabajo adecuado para usted

Cuando realiza un trabajo que le gusta y en el que utiliza su talento y sus habilidades, se siente feliz y seguro de sí mismo y sabe que está ofreciendo un excelente servicio. Hacer

151

el trabajo que le gusta es una de las mejores cosas para su autoestima. Es difícil que pueda tener continuamente una elevada autoestima si no está en el trabajo que le resulta más adecuado. Las pistas para saber lo que quiere hacer aparecen al ver las cosas que le gustaría hacer e incluso mirando en su interior, viendo las cosas que le vigorizan y con las que disfruta. Así que escuche a su intuición: mediante consejos, sugestiones, fantasías o sueños obtendrá indicios para poder construir una imagen más completa. Cuando piense en cosas que le gustaría hacer o sueñe con hacerlas, anótelas y vea qué pasos necesita dar para conseguirlas.

Es importante que haga e trabajo que le resulte más adecuado no sólo para sentirse realizado y experimentar una alta autoestima sino también para contribuir al mundo. Cuando hacemos el trabajo que nos resulta apropiado siempre aportamos algo. Hacemos del mundo un lugar mejor para la gente que nos rodea o para una gran parte de la población.

No siempre es imprescindible cambiar de trabajo cuando las cosas no van bien. Puede ser factible hacer cambios y añadir nuevas facetas al trabajo que está haciendo actualmente. Si el problema es la relación con un compañero, resuélvalo de manera que pueda concentrar su energía y atención para seguir adelante. Sin embargo, si ha hecho todo lo que está en su mano para resolver el problema y todavía no se siente satisfecho, especialmente si continúa durante un largo periodo de tiempo, entonces es importante mirar las alternativas. Si necesita trabajar en eso para formarse o adquirir experiencia, puede serle útil imaginar y fantasees sobre lo que le encantaría estar haciendo y notar cuáles son para usted los elementos esenciales.

Escucho a mi intuición sobre el
mejor trabajo para mí

¿Cuáles son esos elementos tan importantes para usted? ¿Cómo puede conseguirlos? Si hay algo para lo que tenga mucha energía o interés, por el que sienta placer al ver que las cosas van bien o se disguste por cómo se están haciendo, ponga atención a sus sentimientos. Puede referirse a algo de su entorno o a algo más distante que cada noche llega a su casa a través de la pantalla del televisor. Note qué es lo que más le preocupa, por ejemplo la intimidación, la falta de cuidado del medio ambiente o un uso inadecuado de las finanzas. A veces es posible obtener un trabajo en el ámbito de su preocupación o interés, por ejemplo en una organización benéfica.

Sin embargo no siempre es necesario ni deseable cambiar de trabajo para «ayudar al mundo». El personal de una gran compañía del centro de Londres con la que trabajamos estaba preocupado por la asistencia social a la gente sin hogar. Ellos mismos se organizaron para ayudar a una entidad local aportando una vez al mes comida y ropa. Ahora también están haciendo una campaña para encontrar una solución. Cuando haya algo por lo que se siente apasionado, encontrará a menudo algún grupo local que trabaje activamente para hacer mejoras y que pueda recibir su contribución, su tiempo y habilidades, incluso aunque sea una noche o una tarde al mes.

Ahora sé qué puedo hacer para
ayudarme a mí mismo y a los demás

Objetivos personales

En su trabajo actual

Respecto a su trabajo actual, responda a lo siguiente:

1. ¿Qué le satisface de su trabajo actual? ¿Puede desarrollar este aspecto?
2. ¿Qué aspectos de su trabajo actual encuentra insatisfactorios? ¿Hay algún modo de poder mejorarlos?
3. ¿Qué más puede hacer o añadir para mejorar su actual situación laboral? Anótelo y decídase a pasar a la acción. ¿Qué puede hacer hoy mismo?
4. ¿Con qué personas puede hablar para conseguir ayuda o apoyo si fuera necesario?
5. ¿Hay alguien en el trabajo al que pueda expresar su aprecio o dar apoyo? Decida que quiere hacerlo.
6. ¿Hay algún modo de que pueda pasar algún rato haciendo trabajos voluntarios o creativos por los que se siente atraído?
7. ¿Qué pensamientos pueden aumentar su autoestima? Anótelos y repítaselos. Por ejemplo, «Cada vez tengo más éxito». «Estoy haciendo una valiosa contribución», «Soy importante», «Soy valioso».

Cambios en el trabajo

1. ¿Qué cambio o cambios está sintiendo en el trabajo? Anótelos como una mera situación, no como un drama emocional.

   Ahora escriba sus sentimientos ante esta situación. Si incluyen el culparse a sí mismo o a otra persona, abandónelos y recupere sus sentimientos de alegría y entusiasmo.

2. ¿Cuáles son las fuentes reales de seguridad en su vida? ¿Por ejemplo, el contacto con su propia intuición y con sus allegados? Note cómo puede contar con ellos.

Si se concentra para sentirse más seguro y centrado, cada vez lo sentirá más. Decida que ahora mismo quiere tener serenidad.

Relajaciones

Armonía en el trabajo

Imagínese en el trabajo con una atmósfera de armoniosa cooperación. Note todo lo que va bien. Hay confianza y colaboración. Vea si puede dar y recibir apoyo. Use su intuición y vea dónde puede mejorar su aportación. Sea consciente de lo que puede hacer y necesita conocer.

Moverse mediante las oportunidades

Al relajarse, imagínese a sí mismo moviéndose sin problemas a través de las oportunidades que surgen; mantenga la confianza e imagínese examinando la situación como algo sobre lo que puede actuar. Escuche a su intuición, pregunte si hay algo que puede hacer para arreglar la situación o si hay una perspectiva más alta desde la cual poder considerarla. Cuando abandone la relajación puede anotarlo y seguir en contacto con estas inspiraciones de su intuición.

14. Afrontar el despido y el desempleo

La experiencia del despido

Cuando el despido le afecta a uno personalmente, supone un gran choque, a pesar de que cada vez más personas se encuentran en esa situación, las destinan a otro sitio o les hacen contratos temporales. Aunque esto se ha convertido actualmente en un lugar común, todavía resulta una situación desconcertante. Le habrán dicho que no hay nada personal contra usted, que los ajustes económicos son necesarios; sin embargo es difícil no tomárselo personalmente, en especial si ha trabajado para la organización durante un largo periodo. Se puede sentir deprimido y preocupado por su futuro así como sentir un declive en su autoestima. Es normal que en tales circunstancias cuestione su valía y honor. Puede dudar de sí mismo y sentir que la empresa, para hacer tal cosa, debe de tener en realidad una mala opinión de usted. Esto puede afectar a la opinión que tenga de sí mismo, así que es importante recordarse inmediatamente que, sienta lo que sienta, su valía y honor permanecen intactos. Su verdadero valor no depende de su carrera profesional o situación económica.

Me recuerdo que soy de gran valía
sea cual sea mi situación laboral

Reduzca su estrés

El cambio impuesto, como el despido y la reubicación laboral, pueden causar reacciones estresantes en nosotros y la incertidumbre y el miedo generados necesitan ser contrarrestados de alguna manera para reducir el estrés a nivel físico, mental y emocional. El desarrollo de la autoestima es esencial para reducir el estrés, especialmente en la preparación de entrevistas y decisiones de trabajo, así como para mantenerse motivado día a día. Persista en cambiar los modelos dominantes de pensamiento negativo y refuerce una manera de pensar que proporcione apoyo. Así que, si se encuentra en un momento desestructurado, puede también sentir cólera y resentimiento por su despido. Necesita aprender a integrar estas emociones y aprovechar su poder. Esto es importante para aceptar el despido. Aprenda a reconocer sus emociones. Acéptelas y siéntalas. Entonces las emociones molestas se desplazarán, causando menos estrés y agotamiento que si las suprimiera o las expresara de un modo inadecuado. En épocas de incertidumbre es normal creer que los demás no le entienden o no le apoyan a uno, sea o no esto real. Ante todo abandone el resentimiento. Es muy importante que trate a los demás con respeto y ánimo cuando se pueda estar sintiendo tenso. Deje de juzgar para poder seguir adelante más fácilmente.

Tengo paciencia conmigo mismo y
con los demás

Para ayudarle a sentirse menos tenso, aprenda a relajarse y hágalo diariamente. En su programa de relajación añada una cantidad moderada de ejercicio, así como comer alimentos que sean nutritivos y se adapten a su propio metabolismo. Busque consejo si está preocupado por el dinero. Por ejemplo, la Agencia de Atención al Ciudadano dispone ahora de varios tipos de orientación financiera. No tema pedir ayuda a familiares y amigos o consejo a profesionales. Recuerde que cada ámbito de su vida afecta a los demás. Compruebe la importancia que le está dando a cada aspecto de su vida, por ejemplo a su cuerpo, su familia, amigos, aficiones y tiempo para sí mismo. Es importante que en este momento mantenga el equilibrio en su vida y se cuide. Su mejor yo es siempre un yo tranquilo.

Fijar una meta

También es esencial que se fije una meta. Defina lo que ve como sus objetivos y valores globales para la vida laboral. Necesita fijar esta meta para aplicarla a sus actividades cotidianas y poder regularlas. Puede revisarla y mejorarla, pero manténgala como su recordatorio diario. Note qué cualidades tiene. Por ejemplo, valor, determinación, creatividad, que le garantizarán el éxito. Centre su atención en metas que esté de acuerdo con su propósito y con lo que desee conseguir. Trace metas a corto y largo plazo con los pasos prácticos que se deben dar.

Las relaciones como parte de su búsqueda de empleo

Además de que sus amigos, familia, contactos sociales y antiguos colegas sepan que busca un trabajo adecuado, puede ser útil ir a lugares en los que haya «patronos». Las ferias de trabajo pueden ser útiles, pero asegúrese de que cubren el campo en el que está interesado. Conferencias, seminarios, asociaciones de gente de negocios, tal vez la Cámara de Comercio, también pueden ayudar. Usted puede asistir a alguno de estos sitios y debe ir provisto de tarjetas con su nombre, dirección y número de teléfono impresos. No es preciso que especifique lo que hace, pero si puede ofrecer una tarjeta facilitará su toma de contacto con el difícil mundo de los negocios. Si está en casa o en fase de reorientación laboral también necesita salir y moverse, así como leer a diario los periódicos y las revistas especializadas en cuanto aparezcan. Hay otros modos de encontrar empleo y usted debe seguirlos, creando su propia red de relaciones a través de sus conocidos. Escriba a las empresas para expresas su interés y haga un seguimiento telefónico. Procure averiguar el nombre de la persona con la que necesita contactar preguntando en la centralita antes de escribir. Recuerde que si se muestra optimista con la persona que le entrevista, en vez de preocupado y nervioso, hay más probabilidades de que le imaginen ocupando un puesto de trabajo y estarán más predispuestos a sugerirle otros contactos.

Estoy abierto a nuevas
oportunidades

Manteniendo la motivación

Ciertamente hay un camino que conduce a oportunidades más apasionantes y satisfactorias. Simplemente tenga fe en sí mismo y en su habilidad para triunfar y sepa que tiene una meta. Hace falta valor y paciencia para pasar por cambios y desafíos. Existe un empleo y una manera de trabajar que es especial para usted y que ya encontrará. Recuerde que debe tratarse amablemente, aunque manténgase firme para salir victorioso.

Es esencial que se valore cuando pase por un proceso de reorientación profesional o despido. Es muy fácil subestimarse. La verdad es que usted es una persona de gran valía, independientemente de su actual situación laboral, y tiene muchas cualidades y habilidades excepcionales. Sea consciente del valor de lo que tiene para ofrecer: éste es constante y no se ha alterado únicamente por el cambio de su situación profesional. Esta confianza en sí mismo constituye su «interior» y es tan vital para cualquier entrevista que pueda hacer como para algo que tenga que escribir. Fortalecer la confianza en sí mismo aporta en la práctica grandes beneficios respecto a cómo manejar esta época de cambio y los resultados que obtiene.

Creo en mí mismo

Incorporarse al mundo laboral

Si ha estado desempleado durante un largo periodo o, como es el caso de muchos jóvenes, nunca ha trabajado, es importante que construya su autoestima, examine qué quiere realmente hacer y vaya a por ello.

Una cosa que seguro tendrá es tiempo y, aunque pueda parecer su enemigo, también puede ser su aliado. Ciertamente necesitará coraje para combatir la parte negativa del estar desempleado o no haber tenido nunca un trabajo. El valor y el interés con el que está leyendo este libro ya lo tiene. Así que ahora decida lo que realmente quiere hacer, qué le atrae. ¿Podría empezar a hacerlo ahora o debería adquirir la formación necesaria? ¿Es factible trasladarse a una zona en la que pueda hacer este trabajo? Vea si puede imaginar una meta para sí mismo. ¿Tiene algo que le guíe en lo que realmente quiere hacer? ¿Qué sueña con hacer? ¿Cuáles son sus inspiraciones, consejos, corazonadas? Anótelos, vea qué puede hacer a nivel cotidiano para ir hacia su objetivo. Establezca metas a largo plazo, pero también determine qué quiere hacer cada semana, incluso cada día. Por ejemplo podría hacer tres llamadas telefónicas, escribir dos cartas, dar un nuevo enfoque a su currículo. Nunca se rinda.

Puede cambiar sus ideas sobre lo que quiere, pero nunca pierda la confianza en sí mismo. Usted merece tener un trabajo bien pagado y que le guste hacer. Mire todo lo que sea factible. ¿Puede hacer entretanto algún trabajo que le aporte el dinero que necesita para vivir, pero que le permita disponer de tiempo y fuerzas para hacer algún tipo de formación o trabajo voluntario que le ayude a avanzar hacia su aspiración final?

Necesitará determinación, especialmente si está rodeado de gente en su misma situación, sin trabajo y que se muestra negativa por ello. Haga lo que pueda para asegurar que no se va a deprimir. Busque compañías positivas, aquellas que le apoyen y a quien usted también pueda ayudar a ser positivo y optimista. Nunca subestime el poder del trabajo interior y los pasos que está dando. Usted puede desarrollar un coraje, una fuerza y una confianza en sí mismo que le serán inestimables una vez se mueva en el puesto que está buscando.

*Mi coraje y determinación me
aportan éxito*

Objetivos personales

Oportunidad a través del despido/desempleo

1. Para su «currículo interior» haga una lista de todas sus buenas cualidades, habilidades y logros, los haya usado o no en su último trabajo. Fíjese especialmente en aquellos con los que disfruta. Incluya cualidades personales.
2. A nivel cotidiano, elija pensamientos que sean positivos; apruébese. Ahora anote algunos de estos pensamientos de aprobación.
3. Puede estar culpándose a sí mismo o a alguien más, por ejemplo su último jefe, de su situación actual. Abandone todo esto escribiendo lo que siente que ha hecho «mal», después apele a su energía y atención y determine que va a dejar de culpar. Escriba: «Ahora decido dejar de culpar, sigo adelante con energía y entusiasmo.»
4. Cuídese. Usted es su más valiosa posesión. Combata el estrés y mantenga lo más equilibrado posible su estilo de vida. ¿Qué puede hacer para lograrlo?
5. Perfile su «objetivo» y la descripción de su trabajo perfecto. Después puede buscar empleos –o planear montar su propio negocio– de acuerdo con ello.
6. ¿A qué ferias, sociedades profesionales, seminarios puede asistir para poder hacer contactos? Tenga preparada tarjetas personales para llevar consigo.
7. Anote sus objetivos a corto y largo plazo.
8. Su vida cotidiana necesita variedad. Anote lo que puede hacer sin esfuerzo, por ejemplo, tres llamadas telefónicas, una carta, comprobar diarios y revistas, así como tender una entrevista, una reunión o una visita.

Relajación

Creando oportunidades

Relaje su cuerpo, siéntase cómodo, mantenga una respiración normal, pero relajada e imagínese yendo a un lugar de belleza y calma. Sienta que atrae ese trabajo, el trabajo adecuado para usted con el sueldo correcto. Imagínese en un empleo que le gustaría hacer, lleno de confianza y entusiasta, usando sus habilidades y cualidades especiales. Imagine cómo podría ser este trabajo y qué sentiría. Simplemente concíbalo. Sienta que atrae hacia usted a las personas y las situaciones adecuadas. Escuche a su intuición sobre qué es lo mejor que puede hacer. Permanezca abierto a estas sugerencias mientras abandona la relajación, después anótelas y actúe sobre ellas como corresponda. Ahora abra suavemente los ojos.

15. Tener éxito mediante el autoempleo

En el nuevo mundo del trabajo, con más recortes y presiones que antes, lo que anteriormente se consideraba como algo inseguro –trabajar para sí mismo– puede ahora proporcionarle una mayor seguridad. Al ser responsable de sí mismo, de su presente y su futuro, depende poco o nada de los caprichos de los demás y de sus cambios de humor.

Para trabajar por cuenta propia y llevar con éxito su pequeño negocio propio necesita tener una alta autoestima, una fuerte confianza en sí mismo y en lo que está haciendo. Necesita entusiasmo, energía y buenos conocimientos empresariales o consejos sobre el aspecto financiero. Por encima de todo, tanto desde la parte económica como para su satisfacción personal, necesita amar el trabajo que hace. Hay multitud de asesoramiento sobre el autoempleo disponible a través de los programas de formación del gobierno, gratuitos o a bajo coste, así que aprovéchelos. Sin embargo, una de las cosas más prácticas que puede aprender a hacer, una que raramente se da en estos cursos, es aprender a escuchar a su intuición. Su propia intuición puede ser una valiosa fuente de orientación e inspiración, por ejemplo para saber cómo y cuándo ponerlo en marcha y desarrollarlo.

Escucho a mi intuición sobre los
pasos correctos a dar

Cuidando de usted mismo

Recuerde que usted es su posesión más valiosa y es vital que se mantenga bien, lo que no significa que esté libre de la enfermedad, sino que disponga de una buena salud y abundante energía. Haga lo necesario para mantenerse en forma y convierta esto en una rutina diaria, como un asunto más en curso. Esto también incluye fijarse en lo que come. No deje que el estrés se fortalezca, sino afróntelo día a día. Una relajación de pocos minutos, un corto pase, reacción antes de ponerse tenso, todo ayuda. Será capaz de llevar mucho mejor su negocio si se cuida a sí mismo.

Me cuido: soy mi más valiosa
posesión

Estableciendo su negocio

Si recientemente se ha establecido por su cuenta y estaba acostumbrado a un trabajo de 9 a 5, puede parecerle que le asaltan todo tipo de emociones desconcertantes. Es importante conocer estos sentimientos para poder integrarlos y centrarse en su negocio. Si se topa con dificultades es importante que deje de culparse a sí mismo y a los demás, abandónelos inmediatamente, aprenda la lección que necesita y continúe. La gente a la que elija como socios y compañeros debe ser positiva y compartir la misma visión que usted, aunque tengan diferentes habilidades, talentos y especialidades. Sobre todo necesita ser capaz de confiar en ellos. Incorpore el aspecto financiero a sus objetivos a corto y largo plazo. Si empieza a sentir pánico por el dinero, apele al coraje que ya posee por el hecho de estar autoempleado. Mire qué pasos debe dar hoy mismo para reportar dinero y mejorar su negocio.

Esté seguro de que el propósito de su trabajo es tan emocionante y agradable para usted y tan valioso para los demás que nada puede pararle. Al estar autoempleado no tendrá excusa para no permitirse algún momento de tranquilidad para sí mismo, escuchar regularmente a su intuición y considerar los siguientes pasos a dar en su negocio. Si lo hace ahorrará tiempo, dinero y energía, mucho más que si tuviera que hacerlo precipitadamente. Después debe naturalmente llevar a cabo sus planes con toda confianza.

Atraigo a los colegas, socios y
clientes adecuados

Manteniendo el equilibro en su vida

Las personas que trabajan por cuenta propia están más sujetas a trabajar durante muchas horas y, especialmente si el negocio funciona desde casa, se puede extender a todas las horas del día. Está bien que usted decida conscientemente hacer esto, y a veces es necesario dejar el trabajo hecho, pero no permita simplemente que esto lo sobrepase. Sobre todo vigile su salud y mantenga alta su energía; tener un día de descanso es esencial e importante, como lo es estar con amigos y familiares. Un par de noches o una semana fuera pueden ir bien. Así no tendrá que dejar preparadas demasiadas cosas antes de irse ni encontrará mucho para hacer a su regreso. Ante todo necesita fijar como una prioridad diaria el aprender a relajarse.

Mantenga alta su autoestima
para conseguir el éxito

La autoestima es esencial en la gente autoempleada tanto para mantener la motivación como para vender productos y servicios. Especialmente en épocas en las que parece difícil permanecer motivado, vuelva a las creencias esenciales sobre usted mismo. Es importante recordar que usted aporta sus cualidades excepcionales al trabajo que hace. Recuerde también lo que hay de especial en lo que tiene para ofrecer.

Estoy seguro de mí mismo y soy una
persona de éxito

Objetivos personales

1. Anote su plan de negocios para los próximos cinco años. ¿Qué quiere conseguir en términos de negocios y ventas? ¿Con y para cuánta gente quiere trabajar? Asegúrese de incluir el aspecto financiero, aclarando qué parte es neta, bruta y cuál es el beneficio. Puede ajustarlo como considere más apropiado, según varíen los diferentes aspectos. Anótelos en una libreta o use su ordenador.

2. Anote sus objetivos, sus planes para los próximos tres meses, mes a mes y después semana a semana, revisándolos a medida que se aproxima el momento. Recuerde incorporar la cantidad de dinero que quiere estar recibiendo. Necesita objetivos a corto y a largo plazo. Apúntelos en su libreta.

3. ¿Hay algún paso sencillo que pueda dar hoy para obtener más dinero? Por ejemplo, ¿hay clientes satisfechos a los que pueda pedir que le recomienden o puede anunciar sus servicios en la prensa?

4. Si fuera uno de sus clientes, ¿qué mejoras le gustaría ver? Pregúnteselo y después actúe sobre lo aprendido.

5. Una vez más anote su objetivo, la imagen más detallada de por qué está haciendo esto. ¿Qué quiere conseguir? ¿Cómo enlaza con su objetivo lo que está haciendo ahora?

6. Acuérdese de su motivación. ¿Por qué quiere tener éxito por sí mismo? ¿Cuáles son los beneficios para usted personalmente y para los demás?

7. Respecto al cuidado de su salud, anote qué podría hacer esta semana que le sea beneficioso en lo relativo a la relajación, los alimentos que come y cualquier ejercicio regular que pueda hacer para elevar su energía.

8. ¿Qué puede hacer para mantener en equilibrio su estilo de vida, por ejemplo la gente que le gusta ver, algo creativo que le gustaría hacer? ¿Qué oportunidades se le pueden presentar?

Relajación

Relaje su cuerpo. Para relajarse más, imagínese en un lugar bello que conozca o pueda crear, tal vez junto al río o el mar. Después imagínese con un buen aspecto y sintiéndose bien, entrando en contacto con su intuición. Véase ahora en su negocio y cómo lo mejora. Imagine que esto sucede tranquila y sencillamente, de una manera que pueda manejar y que también le proporcione el dinero que necesita, manteniendo equilibrado su estilo de vida. Irradie buena voluntad para suavizar el camino. Desde su intuición compruebe si hay algo en concreto que necesite saber o hacer. Cuando salga de la relajación, anote sus objetivos y cualquier otra cosa que quiera recordar. Identifique los pasos prácticos y pase a la acción.

16. Su propósito: el trabajo adecuado para usted

Establecer lo que realmente quiere conseguir es una de las cosas más importantes y valiosas que puede hacer por sí mismo. A medida que progrese lo puede redefinir y pulir, aclarando sus objetivos durante un tiempo antes de perfilar sus metas y los pasos a dar. Debe persistir y ser paciente; puede ser necesario que adquiera nuevas habilidades, formación y experiencia en el trabajo y en la vida para ayudarle a desarrollar sus propósitos.

Nunca es bueno compararse con otra persona, incluso con alguien con la misma titulación. Usted es único. Lo que tiene que ofrecer es único, tanto en sus planes a largo plazo como en la manera de aprovechar el tiempo diario.

Si no se decide a mirar lo que considera importante sobre lo que quiere conseguir en su vida, podrá sentirse estresado y los que le rodean también sufrirán su estrés. Tener talento y habilidad no es suficiente. Tampoco lo es centrarse en lo externo: necesita mirar dentro. Deje que su intuición le ayude a encontrar el medio adecuado para sus muchos talentos y habilidades. Puede identificarlos fijándose en las cosas que hace bien y en lo que le produce alegría. Para reconocer esas actividades que le llenan, que le hacen sentirse plenamente vivo y en paz, necesita disponer de tiempo para sí mismo. Cuando hace un trabajo que le gusta –creando armonía entre la gente, desarrollando la habilidad para organizar ideas o cualquier otra cosa– se siente muy bien y casi siempre se distingue en ello.

Cuando trabajo en lo que me gusta, lo hago bien

Aunque la orientación profesional y las pruebas psicométricas para determinar su idoneidad para diferentes trabajos son perfectamente válidas, es importante para usted como individuo identificar un objetivo. Cuando está empezando a buscar un empleo o pasando de un trabajo a otro, escuche a su intuición. Ésta le puede dar las claves sobre lo que es mejor y más correcto para usted. Escúchese, escuche los consejos de su intuición. Después actúe.

Si uno no fija su tiempo y atención en lo que es mejor, entonces tiende a volverse infeliz, a mirar a la otra gente y al éxito ajeno para sentirse mejor. Si bien todos necesitamos compañía, relaciones amorosas, amigos y familia, ningún consejo de otra persona puede reemplazar las indicaciones de la propia intuición. Cuando pone su energía y atención en su sitio, usted se siente mejor.

Los objetivos varían según los individuos. Puede ser que una persona influya públicamente y ayude a mucha gente, mientras otra no sea conocida más allá de un reducido círculo de amigos y familiares. Lo que es bueno para uno puede no ser adecuado para otro. Usted sólo accede a su propósito individual a través de la intuición. Esto es debido a su naturaleza única y especial, precisamente porque usted es único y especial.

Mi objetivo es único para mí

Tener conciencia de una meta es tener una aspiración más amplia para sí mismo a nivel profesional que incluirá su actual situación laboral, aunque irá más allá de ella. Esto le proporcionará tanto una clara perspectiva del camino a seguir como el modo de mantenerlo todo en equilibrio. También le servirá de refuerzo, motivación y recordatorio de su verdadera valía cuando se sienta deprimido y poco inspirado. Al escuchar y usar su intuición para determinar y establecer su objetivo, comprenderá su actual situación y el camino a seguir.

Objetivos personales

Establecer su objetivo

1. Repase sus buenas cualidades y habilidades y anote cuál le gusta especialmente.
2. Note qué considera importante al mirar a su alrededor. ¿Hay algunas cosas que le disten o que le agraden? Puede buscar maneras de contribuir a ellas o ayudar a hacer cambios.
3. ¿Qué siente que ha aprendido al afrontar desafíos en la vida? ¿Cómo puede esto ayudar a los demás? ¿Qué ha deseado realmente y ha luchado con éxito para conseguirlo?
4. Escuche a su intuición sobre lo que es mejor que haga. Cuando usted se relaja en sus sueños o fantasías, ¿qué imagina que hace? ¿Puede ver alguna manera para integrar estos pensamientos en su trabajo actual o para empezar su propio negocio? Anote sus ideas e inspiraciones de modo que pueda progresar.
5. En lo posible, defina lo que quiere iniciar, la esencia de lo que quiere hacer, y anótelo. ¿Hay algo por lo que podría empezar: solicitar un trabajo, empezar su propio negocio, adquirir la formación pertinente, hacer algún trabajo voluntario? ¿Qué pasos puede dar para llevarlo a la práctica?

Relajación

El trabajo adecuado para usted

Continúe su proceso de relajación, relajando su cuerpo, poniéndose cómodo, con la respiración normal pero relajada e imaginando un lugar de belleza y tranquilidad. Cuando esté realmente relajado, imagínese en un trabajo que le gustaría hacer, lleno de confianza y entusiasmado, usando su talento y sus habilidades. Imagínese cómo sería ese empleo y qué le haría sentir. Simplemente fórmese una imagen. Añada todo lo que quiera para que sea tal y como le gustaría que fuera. Pregunte ahora a su intuición qué es lo mejor que puede hacer. Permanezca receptivo a estos consejos y corazonadas a medida que vuelva a su vida cotidiana. Puede escribirlas y actuar en consecuencia.

OCTAVA PARTE

Repaso y objetivos para avanzar

17. Siga adelante con la autoestima

Ahora que ha trabajado con este libro y ha visto su utilidad, es muy importante que continúe. Incluso si ambiciona realizar mejoras que usted mismo puede hacer de una manera relajada u agradable. Su principal objetivo es sentirse mejor consigo mismo, más relajado y animado. Decida tener la vida que desea para usted y prepárese para tomar las acciones necesarias para conseguirlo.

Como la única certeza de la vida es el cambio, su mejor seguro para el futuro es tener los medios necesarios para construir y mantener su autoestima, así como acostumbrarse a escuchar a su propia intuición. Creer en sí mismo y valorarse es fundamental. La seguridad interior viene de saber que puede manejar los cambios, por muy inesperados y rápidos que sean. De saber que puede confiar en su intuición si la escucha regularmente para saber qué es mejor para usted y su vida. Así como un futuro seguro proviene de la seguridad interior y la autoestima, un futuro emocionante y pleno viene de saber que usted ya tiene los medios para construir y mantener su autoestima de manera que puede poner su atención en sí mismo, la gente que le rodea y lo que es importante para usted. Recuerde, ¡nunca es demasiado tarde o demasiado pronto para establecer la vida que quiere para sí!

En el día a día usted puede dar los pasos necesarios para elevar su nivel de autoestima y de confianza en sí mismo y poder conseguir mejores resultados en todos los ámbitos de su vida. Entonces habrá varias cosas que querrá hacer cada semana y cada mes después de haber escuchado a su intuición para fijar los objetivos más adecuados para usted. Puede ser que las mejoras lleguen gradualmente y que los beneficios sean tenues, a veces imperceptibles, hasta que llegue un momento en el que se dé cuenta de cuánto ha cambiado su vida. Para alguna gente el cambio de la apariencia externa es traumático, mientras que otros simplemente se sienten mejor con ellos mismos y sus vidas.

Cuando las cosas empiecen a irle bien, cuando el dinero, las amistades, el trabajo y el amor empiecen a llegar fácilmente, puede empezar a sentirse culpable. Puede creer que seguramente algo empezará a ir mal, que tiene que trabajar duro para que las cosas vayan bien y que, si no lo hace, ¡de algún modo está haciendo trampa! Puede incluso sentir inconscientemente que si no se esfuerza y sufre por conseguir resultados, no se los habrá merecido, –que no es lo suficientemente bueno con usted para lograr lo que quiere–. Estos pensamientos, como ahora se podrá dar cuenta, son negativos para su autoestima, realización y éxito en la vida. Sin embargo, ahora sabe cómo puede dejarlos o cambiarlos y trabajar a través de los diversos procesos definidos para ponerle en camino hacia una mayor autoestima.

Los informes de nuestros estudiantes muestran que es beneficioso realizar diariamente los sencillos ejercicios esbozados anteriormente. Le ayudarán a animarse continuamente. Una mujer nos contó que tenía en su cocina una tarjeta con frases recordatorias y que cada día se acordaba de ellas. Cuando nos conocimos, ella estaba en proceso de divorcio y había perdido su empleo. Durante el periodo de un año emergió del dolor y se volvió más fuerte, tranquila y decidida. ¡Y logró un trabajo mejor y una relación más satisfactoria! A continuación hay algunas frases recordatorias que le podrán ayudar.

Recordatorios de la autoestima

- Deje de criticarse cada día.
- Practique las tres Aes para la construcción de la autoestima:

Apréciese
Acéptese
Apruébese

- Advierta los pensamientos que son negativos:

Nunca lograré hacerlo
No puedo manejarlo
No soy lo suficientemente bueno

y cámbielos por:

Lo estoy consiguiendo todo
Puedo manejarlo
Soy más que bueno

¡Se sentirá mejor si persiste en la repetición de estos nuevos pensamientos positivos y también obtendrá mejores resultados!
- Añada buenos sentimientos a sus pensamientos de autoestima de manera que inmediatamente se sienta seguro y afortunado.
- Imagínese que pone en una caja sus constantes preocupaciones sobre el futuro y el pasado y vea cómo

desaparecen de su mente. Después se sentirá libre para tomar la acción que le resulte más adecuada. Acepte todas sus emociones. Relájese y note sus sentimientos: cambiarán y se volverán más agradables.

- Deje de culparse a sí mismo y a los demás. Repase el proceso de *Libérese de la culpa* (página 48) siempre que quiera. Continúe con lo que es importante para usted y haciendo lo que le gusta. Esto le aportará tranquilidad a su mente.

- Cuando se enfrente con cambios inesperados, relájese y confíe en sí mismo para superarlos. Entonces podrá ver más fácilmente lo que necesita hacer.

- Busque maneras de tratarse mejor. Especialmente si se siente presionado, sea más amable con usted y haga cosas que le gusten.

- Relájese cada día durante unos minutos. Escuche a su intuición. Sobre cualquier situación puede preguntarse: «¿Qué necesito saber? ¿Qué necesita hacer?». Tarde o temprano llegarán las respuestas. Escuche a su intuición para orientarse sobre lo mejor que puede hacer durante todo el día.

- Usted es importante, lo que usted quiere es importante. ¿Hacia dónde se dirige? Sueñe, imagine, aclare. Escuche a su intuición para establecer plazos en sus objetivos y pasar a la acción.

- Recuérdelo siempre: ¡usted es especial, su vida es preciosa!

Equilibrio y objetivos en su vida

Tal vez sea consciente de que hay un aspecto de su vida en el que debe poner más atención. Puede que salte a la vista o puede que sea más sutil: un sentimiento de insatisfacción o querer lograr más en un aspecto concreto. Si se siente inseguro compruebe el equilibrio que hay en su vida, determinando cómo le gustaría estar en cada ámbito. Escoja ahora uno de estos ámbitos para trabajar, estableciendo en primer lugar algunos objetivos. Es importante que anote lo que quiere. Después de todo, ya lo hace cuando va al supermercado, ¡así que es más importante saber lo que quiere en la vida!

En sus frases recordatorias habrá visto que constantemente se repite que ¡usted es importante! Lo que quiere es importante. Sólo usted puede decidir lo que quiere. Éste es un proceso que continúa, lo que significa que necesita preguntarse: «¿Qué sería satisfactorio y apropiado para mí? ¿Qué es lo mejor a lo que aspiro?». Tómese un breve momento cada semana y uno más largo cada mes para escribir sus objetivos; así asegurará el continuar concentrándose en lo que le resulta importante.

Por más bien que lo haga, puede haber días que se sienta fatal, o que se enfrente a cambios repentinos que no había previsto y que le derrumban totalmente. Se puede sentir en tal estado que la mera idea de hacer algo constructivo ¡le haga querer tirar el libro por la habitación! Éste es exactamente el momento para poner en práctica todo lo aprendido sobre su autoestima. Recuerde que este contratiempo es una experiencia por la que está pasando y que la superará. No es una situación permanente, a pesar de que ahora pueda parecerlo.

Incluso cuando usted ha estado haciendo lo que puede por sí mismo, cuando se ha sentido mejor y visto mejoras, puede encontrarse repentinamente con contratiempos o con que sus circunstancias cambien. Además seguro que se encontrará y relacionará con gente que pueden tener agendas que no coincidan con la suya. Esto puede decepcionarles más al principio porque lo ha estado haciendo todo muy bien. Sin embargo, no significa que las cosas no funcionen. Es humano tomarse las cosas a un nivel emocional, lo reconozca o no. Los cambios rápidos e inesperado, sobre todo si no son deseados, pueden derrumbarle, especialmente donde sienta que no tiene el control y que no se tienen en cuenta sus sentimientos. Sin embargo, ahora sabe cómo manejar cualquier situación. Puede parecer difícil llevar a la práctica lo que ha aprendido hasta ahora, ¡pero se sentirá más fuerte y más positivo si aplica una especie de primeros auxilios para la autoestima!

Primeros auxilios para la autoestima

- Respire profundamente y recuérdese que se encuentra seguro y bien: simplemente dígase: «Te apruebo, te apoyo.»
- Note lo que está sintiendo, de manera que sus emociones avancen y cambien. Además puede calmar sus emociones haciendo algo físico: yendo a pasear, haciendo algo en casa o en el jardín. Después, si lo cree oportuno, simplemente vea si puede dejar de culparse a sí mismo y a las otras personas involucradas tanto como pueda.
- ¿Cuáles son sus pensamientos más positivos sobre sí mismo y el resultado que desea?
- Describa meditadamente su situación tal y como es, no como un trastorno emocional. Advierta cualquier paso práctico que pueda ayudarle con la situación.
- Si conoce una o varias personas que le puedan dar apoyo, contacte con ellas y pasen juntos n rato, o hable por teléfono cuando lo necesite.
- Así como es maravilloso contar con el apoyo de otras personas, usted también necesita un rato de tranquilidad para poder asimilar esa experiencia e, incluso, para volver a lo que le resulta importante.

Cuando tenga la sensación de estar totalmente distraído respecto a lo que es importante, concéntrese en lo que le servirá y le ayudará.

- Ahora averigüe cuál es la cosa más amable que pueda hacer por sí mismo y después hágala. Puede ser alegrar su entorno con algunas flores o tomar una pausa de media hora.
- Recuérdese, esto es una experiencia por la que está pasando y usted puede dominarla.

Creando el futuro que usted desea

Recuerde que usted es el centro de su vida y que por ello debe escoger lo que quiere conseguir y el tipo de persona que quiere ser.

Es importante saber qué quiere en su vida. Usted es importante, y también lo son su presente y su futuro. Anote sus sueños, sus fantasías, qué le atrae y qué le gustaría hacer. Fíjese en su intuición y actúe de acuerdo con ella. Nunca es demasiado pronto o demasiado tarde para crear el futuro que desea.

A pesar de las muchas distracciones que haya, valórese y respétese lo suficiente como para poder centrarse en lo que es importante para usted. Continúe siendo comprensivo consigo mismo y con los demás. Descubrir lo que considera importante respecto a lo que quiere hacer, conseguir y ser es una continua aventura. A medida que siga con todo esto, logrará la mayor aportación de que es usted capaz de hacer. Su vida le resultará más satisfactoria y alegre.

Objetivos personales

Par un futuro seguro y emocionante

1. Mirando nuevamente su vida, ¿qué es lo que más desea conseguir por sí mismo, qué tipo de persona quiere ser? Anótelo e incluya sus habilidades y buenas cualidades, así como las cosas que pueda querer: una bonita casa, viajar, un empleo. Si quiere más amigos y diversión, ¡asegúrese también de incluirlo! Ahora no se preocupe por cómo lo obtendrá, mire claramente la imagen. Empiece haciendo anotaciones y desarrolle sus ideas en su libreta.
2. Ahora establezca objetivos para conseguir sus deseos y fije plazos de, por ejemplo, dos años, dos meses y dos semanas. ¿Cuáles son sus objetivos más importantes? Anótelos a continuación.
3. ¿Qué necesita abandonar o cambiar?
4. ¿Qué pensamientos le dan apoyo para poder conseguir esto?
5. ¿Quién puede darle apoyo?
6. Establezca los pasos que necesita dar, empezando con algo que pueda hacer al día siguiente.

Mantenga alta su autoestima

Ponga en práctica sus frases recordatorias de autoestima durante las próximas dos o tres semanas. Tal vez le gustaría establecer un programa personal, por ejemplo cinco a diez minutos diarios en un momento concreto. Alterne su rato de relajación con, por ejemplo, la búsqueda de nuevos pensamientos positivos o una sesión para dejar de culparse y asimilar lo que siente. En otros momentos del día puede usar tranquilamente cualquier aspecto del desarrollo de su autoestima si quiere sentir sus beneficios. Anote su horario.

Relajación

Avanzar con autoestima

Relaje su cuerpo e imagine que se siente seguro y motivado. Sienta que cualquier preocupación simplemente se disuelve. Note que se encuentra bien, que tiene un buen aspecto. Vea que su vida funciona, note lo que quiere conseguir y cómo se hace realidad. Note lo que está haciendo, con quién está, el tipo de entorno en el que se encuentra: aporte multitud de detalles. Irradie buena voluntad para suavizar el camino. Escuche a su intuición respecto a cómo hacer realidad su deseo más profundo, preguntando: «¿Qué es importa que sepa?», «¿Qué es importante que haga?». Abra suavemente los ojos. Puede anotar cualquier cosa que le pueda servir de ayuda.

Conclusión

Ahora que ha trabajado con este libro, será capaz de mantener alta su autoestima y proporcionarse a sí mismo un refuerzo adicional cuando lo necesite. Su vida sólo podrá ir cada vez mejor. Ahora sabe qué hacer para provocar los cambios más indicados para usted. Y ahora puede comprobar hasta qué punto es conveniente escuchar a su intuición.

Puede llevarle algún tiempo completar todos los cambios deseados. Se requiere práctica para poder establecer una nueva manera de pensar, sentir y actuar. Y también pasará un tiempo hasta que se encuentre cómodo durante los ratos de relajación y desarrollo de la autoestima, incluso aunque ya sienta los beneficios. Si prosigue con esto, se sentirá equilibrado y bajo control, por más rápidos e inesperados que se produzcan los cambios en su vida.

Al escuchar a su intuición sabrá en todo momento lo que es mejor y más adecuado para usted. Ahora posee la información que le podrá ayudar y sabe cómo y cuándo utilizarla. Puede empezar enseguida y, al hacerlo, sentirá inmediatamente los beneficios.

La valoración de uno mismo y el autorrespeto que siente hacen que sea natural para usted respetar a los demás y al entorno y tomar acciones que cree necesarias y beneficiosas.

Habrá visto que lo importante en cada ámbito de su vida es tener presente su especificidad, su singularidad. Su intuición es la clave para ello. Lo que quiere es específico para usted. Usted tiene una contribución única y especial que hacer. Nadie más puede ocupar su lugar. Tenga el valor para seguir adelante con su vida. Es en las elecciones que hace, las decisiones tomadas tras hacer caso a su intuición y las acciones que realiza, donde usted determina día a día su destino.

Índice

TERCERA PARTE. Su individualidad

SEXTA PARTE. Su dinero

SÉPTIMA PARTE. La autoestima y su trabajo